Königs Erläuterungen und Materialien
Band 436

Erläuterungen zu

Nick Hornby

About a Boy

von Matthias Bode

Bange Verlag

Über den Autor dieser Erläuterung:

Matthias Bode, geboren 1971, Studium der Geschichte und der Anglistik in Marburg, Lehrer am Gymnasium in Korbach. Autor von Königs Erläuterungen.

1. Auflage 2005
ISBN 3-8044-1822-8

Titelabbildung: Filmszene aus *About a Boy*, GB/USA/F/D 2002. CINETEXT Bildarchiv, Frankfurt.
Druck und Weiterverarbeitung: Tiskárna Akcent, Vimperk

Vorwort

Bücher von Nick Hornby sind in Mode und auch in ihren jeweiligen Verfilmungen erfolgreich. Das mag an den skurrilen Charakteren liegen, an der soliden Charakterzeichnung, an der wunderbar humorigen Darstellung des Lebens junger Männer. Die Filme verdanken ihren Erfolg auch den bekannten Darstellern wie etwa Hugh Grant in *About a Boy*.
Hornby kommt als Schullektüre auch aus einem anderen Grund in Mode: Er lebt noch. In einem Versuch, den verknöcherten Schullektürekanon aufzubrechen, haben verschiedene deutsche Kultusministerien vorgeschrieben, auch Werke von noch lebenden englischsprachigen Autoren zu bearbeiten. Und *About a Boy* bietet sich dafür aus verschiedenen Gründen an: Der Roman ist spannend, er bietet Identifikationsfiguren. Er greift das Thema Erwachsenwerden und die Beziehungen von Kindern und Eltern auf erfrischende Weise neu und anders auf. Er bietet eine Verfilmung, die sich weit genug vom Buch entfernt, um die Umsetzung zum Thema des Unterrichts zu machen. Und vor allem: Es ist ein witziges Buch.

1. Nick Hornby: Leben und Werk

1.1 Biografie

Jahr	Ort	Ereignis	Alter
17. 4. 1957	London	Nick Hornby wird in Maidenhead im Londoner Umland als Sohn von Sir Derek Hornby, einem erfolgreichen Geschäftsmann, geboren. Seine Familie gehört zur englischen Oberklasse, seine Schwester ist verheiratet mit dem Politiker und Schriftsteller Robert Harris (*Fatherland*, *Enigma*).	
1968	London	Hornbys Eltern trennen sich. Seine Art, damit fertig zu werden, besteht darin, ein fanatischer Fan des Fußballclubs Arsenal London zu werden.	11
Späte 1970er	Cambridge	Hornby studiert englische Literatur in Cambridge. Nach seinem Studium arbeitet er u. a. als Lehrer für Englisch für ausländische Studenten und als In-House-Englisch-Lehrer bei Samsung.	
1983	London	Beginn seiner schriftstellerischen Tätigkeiten als freier Journalist und Autor.	26

Jahr	Ort	Ereignis	Alter
1992	London	Seine beiden ersten Bücher erscheinen: *Contemporary American Fiction*, eine Sammlung von Essays über zeitgenössische amerikanische Schriftsteller, und *Fever Pitch*, sein erster (autobiografischer) Roman über einen fanatischen Fan von Arsenal London. *Fever Pitch* wird gleich ein Erfolg.	35
Seit 1992	London	Sein erster Erfolg erlaubt es ihm, eine ernsthafte Karriere als freier Schriftsteller zu führen. Hornby publiziert zudem in der *Sunday Times*, in *Time Out*, einem Londoner Stadtmagazin, und dem *Times Literary Supplement*, einer angesehenen britischen Literaturzeitschrift. Außerdem schreibt er Musikkritiken für den *New Yorker.*	
1993	London	Geburt seines autistischen Sohnes Danny.	36
1995	London	*High Fidelity* erscheint.	38
1997	London	Hornby ist Mitbegründer von *Treehouse* (www.treehouse.org.uk), einer Organisation, die sich für autistische Kinder einsetzt.	40

Jahr	Ort	Ereignis	Alter
1998	London	*About a Boy* erscheint. Im gleichen Jahr scheitert seine Ehe mit Virginia Bovell. Hornby und seine Frau Virginia Bovell leben nun getrennt, obwohl die beiden sich fast täglich sehen, um sich um ihren Sohn Danny zu kümmern. Das Geld, das er mit Büchern und Filmrechten verdient, investiert er in die Betreuung seines Sohnes, der eine Rund-um-die-Uhr-Betreuung benötigt.	41
2001	London	*How to be good* erscheint.	44
2002	London	*Speaking with the Angel* erscheint. Ein Teil des Verkaufspreises wird für *Treehouse* gespendet.	45
2003	London	*31 Songs* erscheint.	46
2005	London	Sein neuestes Buch *A long way down* erscheint.	48

1.2 Zeitgeschichtlicher Hintergrund (1993–1994)

Das Buch *About a Boy* spielt im Spätsommer und Herbst 1993 und über den Winter bis ins Frühjahr 1994. Das letzte Kapitel zeichnet als eine Art Nachwort den allgemeinen Lauf der Dinge bis in den Sommer 1994 hinein nach. Abgesehen vom Namen des damaligen britischen Premierministers John Major erfahren wir im Buch nichts über den allgemeinen zeitgeschichtlichen Hintergrund. Keiner der Charaktere ist geeignet, Zeitgeschichte in die Erzählung einfließen zu lassen: Will interessiert sich nicht dafür, sondern nur für „hippe" Sachen und Musik. Marcus ist zu jung, um ernsthaft die Nachrichten zu sehen oder den politischen Teil der Zeitung zu lesen, Ellie hat andere Sorgen und Fiona hat ihre ganz eigenen Probleme. Trotzdem soll ein Überblick über die Lage der Welt geliefert werden.

Der Jugoslawien-Konflikt

Im Südosten Europas treibt der Jugoslawien-Konflikt weiter seinem unrühmlichen Höhepunkt und Ende zu. Zwar einigen sich Vertreter der Bürgerkriegsparteien in Genf auf einen Verfassungsentwurf für Bosnien-Herzegowina, der eine Union aus drei Republiken vorsieht. Doch der Fortgang des Krieges, der einen weiteren Höhepunkt erlebt, als im Sommer 1993 die aufständischen bosnischen Serben Sarajevo einkesseln, erlaubt bis auf weiteres keine Verhandlungslösung. Auch Vorschläge zur Teilung des Landes helfen nicht weiter. Erst ein Artillerieangriff auf den Markt von Sarajevo im Februar 1994 mit über 60 Toten sorgt dafür, dass die NATO-Staaten mit Luftangriffen drohen. Eine zeitweilige Waffenruhe, die erste seit April 1992, ist die Folge. Trotzdem schießen US-Kampfflugzeuge noch im Februar 1994 serbische Flugzeuge ab. Eine im März 1994 unterzeichnete Verfassung für Bosnien-Herzegowina wird seit dieser Zeit durch im Lande stehende ausländische, zumeist europäische Truppen gesichert. Ein Ende des Konflikts ist noch immer nicht in Sicht.

Somalia

Während der UN-Einsatz in Kambodscha insgesamt erfolgreich ist und mit der Verkündung einer neuen Verfassung im September 1993 ein Ende findet, läuft beim gleichzeitigen UN-Einsatz in Somalia vieles schief. Das Land kommt nicht zur Ruhe. Ein größeres Gefecht zwischen US-Truppen und lokalen Milizen im Oktober in Mogadischu, der Hauptstadt Somalias, kostet einer Reihe US-Soldaten das Leben. Die grauenvollen Fernsehbilder sorgen dafür, dass sich die vom Westen angeführten UN-Truppen aus Somalia zurückziehen. Im Februar 1994 verlassen auch die letzten deutschen Soldaten das Land. Zurück bleibt ein im Chaos versinkendes Land.

Israel – Palästina

Ein anderer Dauerbrenner unter den internationalen Krisenherden ist Israel, von dort gibt es 1993 hoffnungsvolle Nachrichten. Im August wird bekannt, dass es Verhandlungen zwischen der israelischen Regierung und der PLO gegeben hat. Der in einem im September 1993 unterzeichneten Friedensabkommen geregelte Zeitplan kann aber bereits im Dezember 1993 nicht eingehalten werden, da es Streit im Detail gibt. Im Februar 1994 erschießt ein israelischer Fanatiker in einer Moschee in Hebron mehrere Dutzend Palästinenser. Und der „Friedensprozess" steht – wieder einmal – vor seinem Aus, bevor er richtig begann.

Südafrika

Erstaunlich positiv hingegen sind die Nachrichten aus Südafrika: Die Jahrzehnte alte Politik der Apartheid, der Rassentrennung, ist vorbei. Im November 1993 wird eine neue Verfassung verabschiedet, die für alle Bürger gleiche Rechte ungeachtet der Hautfarbe vorsieht. Für diese gewaltlose Revolution werden der Chef der südafrikanischen Oppositionsbewegung *African National Congress* (ANC), Nelson Mandela, und der südafrikanische Präsident Willem de Klerk mit dem Friedensnobelpreis ausgezeichnet. Ende April 1994 gewinnt der ANC bei den ersten freien Wahlen in Südafrika die absolute Mehrheit. Im Mai wird Nelson Mandela zum ersten schwarzen Präsidenten Südafrikas gewählt. Damit endet die 342 Jahre dauernde Herrschaft der weißen Minderheit über die schwarze Bevölkerungsmehrheit.

Computer und Medien

Die Jahre 1993 und 1994 bringen Veränderungen im Bereich der Computer und Medien, die bis heute fortwirken. Im Sommer 1993 läuft der Spielfilm *Jurassic Park* von Steven Spielberg an. Es ist der erste Kinofilm, in dem in großem Stil computeranimierte Szenen eingebaut sind. Es sind seine Dinosaurier, die den Durchbruch im Bereich der Computergrafik markieren. Im gleichen Jahr erscheint mit dem Computerspiel *DOOM* der erste sog. Ego-Shooter auf dem Markt, ein Genre,

das seitdem den Bereich der Computergrafik auf dem PC immer weiter fortentwickelt hat. Im darauffolgenden Jahr, 1994, erschien mit dem von Marc Andresen programmierten MOSAIC der erste Internet-Browser für Windows und machte damit das WWW und das ganze Internet massenmarkttauglich. Es ist deshalb auch kein Wunder, dass im Buch noch nicht vom Internet die Rede ist.
Der erfolgreichste Film 1994 stammt wieder von Steven Spielberg: Im März erhält *Schindlers Liste* sieben Oscars. Es ist bezeichnend für Will Freeman in *About a Boy*, dass dieser Film über den Fabrikanten Oskar Schindler, der während der NS-Zeit die bei ihm angestellten jüdischen Arbeiter vor der Ermordung rettet, im Buch nicht erwähnt wird: Er war Will wohl zu nachdenklich.

Weiterer Meilenstein des Fernsehjahres 1993 ist übrigens der Start von *Beavis and Butt-head* auf MTV.

Nirvana hatten weder 1993 noch 1994 in Deutschland Nummer-eins-Hits. Die Charts in jenen Jahren werden angeführt von Whitney Houston, Ace of Base, Culture Beat, Four Non Blondes und Meat Loaf im Jahr 1993 sowie All-4-One, Rednex, Prince, Ital Joe & Marky Mark und Bruce Springsteen im Jahr 1994. (Quelle: http://de.wikipedia.org)

1.3 Angaben und Erläuterungen zu wesentlichen Werken

Neben einer Reihe kleiner Essays und Kritiken in den in seiner Biografie genannten Zeitschriften hat Nick Hornby bislang sechs Werke vorgelegt, die hier genannt werden müssen. Die Titel seiner Bücher sind unübersetzt geblieben und auch die bisherigen Verfilmungen seiner Werke haben an den Titeln nichts geändert.

Fever Pitch (1992)

Das Buch handelt von einem fanatischen Fußballfan, der sein ganzes Leben aus dem Blickwinkel seiner Leidenschaft sieht. Hornby stellt in seinem Buch die erhebenden und die traurigen Momente des Fan-Seins dar, das sich in diesem Fall auf Arsenal London bezieht. Hoffnung und Scheitern, Freude und Enttäuschung, sogar seine Ehe werden in Begriffen des Fußballs analysiert. Das Buch wurde 1997 mit Colin Firth in der Hauptrolle verfilmt.

High Fidelity (1995)

High Fidelity handelt von Musik, von Schallplatten und CDs, den unendlich vielen Dingen, die es darüber zu wissen gibt, und von den unendlich vielen Kriterien, nach denen man seine Musiksammlung sortieren kann. Bei der Beschäftigung mit diesen Dingen bemerken manche Männer gar nicht, dass ihr Beziehungsleben vor die Hunde geht. Genau so einen Mann setzt Hornby ins Zentrum seines Romans. Einen Mann, der nicht ernsthaft erwachsen werden will, sondern lieber seine

CD-Sammlung neu sortiert. Er setzt damit das Grundthema von *Fever Pitch* neu und anders um. Das Buch *High Fidelity* wurde 2000 mit John Cusack in der Hauptrolle verfilmt. Die Filmversion verlegt die Handlung aus London nach Chicago.

About a Boy (1998)

How to be good (2001)

Die Ärztin Kate, Mitte 40, führt eine unglückliche Ehe. Verantwortlich hierfür ist ihr Mann, bitter, sarkastisch und etwas trocken. Die langjährige Ehe ist ein wenig langweilig geworden, aber soll sie die Scheidung von ihm anstreben? Ist es das wert, die Kinder und den bequemen Lebensstil durcheinander zu bringen? Es wird alles noch viel schlimmer, als ihr Ehemann sein Leben völlig umkrempelt, nachdem er einem Guru begegnet ist. Als Menschenfreund und Gutmensch, als tatkräftiger Kämpfer für eine bessere Welt, der die Spielsachen seiner Kinder spendet, wird er noch unerträglicher als vorher.

Speaking with the Angel (2002)

Nick Hornby fungiert als Herausgeber von zwölf Kurzgeschichten, die von Hornbys Freunden für dieses Buch geschrieben wurden. Mit diesem Buch soll eine Spendenaktion für eine kleine Schule, auf die auch Hornbys Sohn geht, unterstützt werden.

31 Songs (2003)

Wenn man als Autor einen gewissen Status erreicht hat, dann kann man anfangen, Bücher wie *31 Songs* zu schreiben - der Verlag wird es drucken, und die Leute werden es kaufen und lesen. Dieses Buch besteht aus Hornbys Kommentaren zu 31 Songs, die er nach seinem persönlichen Geschmack ausgewählt hat - einige Klassiker sind darunter, anderes ist obskure Independent-Musik. Eigentlich ist das Buch ein logischer Nachfolger zu *High Fidelity* - eine egozentrische Liste von Musiktiteln, die überflüssigerweise auch noch gedruckt wurde.

A long way down (2005)

Vier Menschen treffen sich Silvester unbeabsichtigt auf dem Dach eines Londoner Hochhauses, weil sie sich dort das Leben nehmen wollen. Da sich keiner umbringen will, wenn die anderen dabei zusehen, steigt die Gruppe erst mal vom Dach, um das Problem der jüngsten Kandidatin zu lösen. Nach und nach erzählen sie sich ihre Geschichten. Die vier verabreden, mit dem Selbstmord bis zum Valentinstag zu warten - und helfen sich gegenseitig.

2. Textanalyse und -interpretation

2.1 Entstehung und Quellen

Zur Entstehungsgeschichte von Nick Hornbys *About a Boy* ist nur wenig bekannt. Das Buch erschien 1998, drei Jahre nach *High Fidelity*. Die detaillierten Hinweise auf Pop-Kultur, Musik und Mode datieren die Handlung des Buches auf den Winter 93/94, eine Methode, die andere Autoren oft vermeiden, da sie das Buch schnell „veralten" lässt. Der Tod Kurt Cobains und die Reaktionen vieler Jugendlicher darauf könnten einen Kern der Idee gebildet haben. Eine Entstehungszeit von 1994 bis 1997 erscheint möglich. Die reinen Informationen zur Entstehung von *About a Boy* sind also eher dürftig.

Neben diesen wenigen Fakten zur Entstehung wird man bei der Suche nach den Quellen und Vorbildern etwas leichter fündig. So kann man in Nick Hornbys Werken einige autobiografische Spiegelungen ausmachen. Nicht nur, dass alle drei frühen Romane in Nordlondon spielen, jener Gegend, in der auch Hornby selbst lebt. Nicht nur, dass in *Fever Pitch* jener Fußballklub Arsenal London thematisiert wird, dem auch Hornby selbst verfallen war (oder ist?): In *High Fidelity* ist es gleichfalls eine tragische Besessenheit eines Mittdreißigers, die mit schuld ist am Ende seiner langjährigen Beziehung. Etwas ganz Ähnliches war Hornby selbst Ende der 80er passiert, als seine spätere Frau alles hinwarf und ihn verließ.

Beziehungsromane

Beide Romane haben Hornby den Ruf eingetragen, Beziehungsromane aus Männersicht zu schreiben (und damit quasi den Gegenpart zu den *Bridget-Jones*-Romanen zu bilden). Und in der Tat haben Romane über Beziehungen, die Liebe und ihre Probleme meist

Frauen als Hauptpersonen und sind auch meist von Frauen geschrieben.
Hornbys dritter Roman, *About a Boy*, durchbricht mit seiner wechselnden Erzählperspektive zwar das Schema des tragischen Helden: Aber zwei Männer sind die Hauptpersonen, und es geht um eine ganze Reihe Beziehungen, alles aus männlicher Sicht. Und einer von ihnen ist auch noch ebenso besessen von Pop-Kultur wie der Held in *High Fidelity*. Mit einem wichtigen Unterschied: Während in *High Fidelity* Musik benutzt wurde, um dem Leben einen tieferen Sinn zu geben, es zu verstehen, um mit ihm zurechtzukommen, benutzt Will Musik, Fernsehen und Mode allein, um das Leben auszuschließen. Das Wahre, das Echte, Gefühl und Hingabe kommen bei Will nicht vor.
Will und auch die Hauptcharaktere der beiden früheren Werke stehen mit Mitte 30 in einer Phase ihres Lebens, wo gesellschaftlich „alles geht". Das Erwachsenwerden wird von Leuten wie Will um Jahre hinausgeschoben – auch er ist ja ein alt gewordener Junge. Will lebt ein verantwortungsloses, unbedeutendes Leben. Nichts ist wirklich wichtig in seinem Leben. Nichts in seinem Leben ist wirklich „erwachsen". Und es ist gesellschaftlich akzeptiert, mit 36 Single ohne Kinder zu sein, das Lesen von Modezeitschriften und das Kaufen von CDs zum Lebensinhalt zu erklären, bis in die Nacht in Discos herumzuzappeln und mitleidig auf die armen Menschen mit Kindern zu schauen. Allerdings wirken die „erwachsenen" Dinge im Leben, wie etwa Verantwortung zu übernehmen, als ein Schutz gegen jene Art von Depression, die Will in Kapitel 30 überfällt: „Wofür lebe ich eigentlich und wer würde merken, wenn ich nicht mehr da wäre?" (Vor allem) Männer, die ihre Jugend verlängern, so weit es geht, laufen Gefahr, in einem verkürzten Erwachsenenleben in einer solchen Depression zu landen.

Der Erfolg, den Hornby mit seinen Büchern hat, und der Erfolg der Verfilmungen deuten darauf hin, dass er mit seinem Ansatz einen Nerv getroffen hat: So manche Frau wird in diesen Büchern nach einer Erklärung des Wesens der Männer suchen, und so mancher Mann wird sich wiederfinden.

2.2 Inhaltsangabe

Gesamtübersicht

Das Buch handelt nicht von einem Jungen, sondern von zwei Jungen. Der eine ist Marcus, 12 Jahre alt und Sohn einer alleinerziehenden Mutter. Marcus wird in der Schule herumgeschubst, von seiner Mutter nicht verstanden und erscheint als Sonderling.

Der andere ist Will, 36, Single, und Sohn eines mittlerweile verstorbenen Vaters, der ein bekanntes Weihnachtslied geschrieben hat. Will kann von den Tantiemen leben und brauchte deshalb noch nie in seinem Leben arbeiten. Wills Freizeit, über die er unbegrenzt verfügt, verbringt er mit dem Anhören von CDs, Fernsehen und Rauchen (legaler wie illegaler Substanzen). Den Rest seiner Zeit verbringt er mit der Suche nach Frauen – oder besser: nach Sex.

Nach einer interessanten Affäre mit einer alleinstehenden Mutter kommt Will auf die Idee, nach weiteren alleinstehenden Müttern Ausschau zu halten. Um sie kennen zu lernen, erfindet er einen Sohn und besucht Treffen von Alleinerziehenden-Selbsthilfegruppen.

Bei seinem Versuch, bei einem Picknick im Park Suzie näher zu kommen, lernt er Marcus kennen. Durch das gemeinsame Erleben des schrecklichsten Tages in Marcus' Leben, des Selbstmordversuchs seiner Hippie-Mutter, beginnt eine Art Freundschaft zwischen Will und Marcus. Zuerst gegen Wills Willen kommt Marcus regelmäßig bei ihm vorbei, um nicht nach Hause gehen zu müssen. Will wird von Marcus quasi „adoptiert".

Will hilft Marcus dabei, sich in die moderne Welt der Jugend einzufinden. Sie gehen einkaufen, Marcus bekommt coole

Turnschuhe und lernt die Musik von Nirvana kennen. Die Musik verbindet ihn mit Ellie, einer 15-jährigen Schülerin seiner Schule, die ihn unter ihre Fittiche nimmt. Sie hat ständig Ärger in der Schule, da sie mit Kurt Cobain-T-Shirts herumläuft und Leute verprügelt. Ihre Härte wird zu einem Schutz und Vorbild für Marcus, der an ihr und mit ihr wächst. Will indessen verliebt sich erstmals in seinem Leben richtig in eine Frau namens Rachel. Diese hat einen Sohn in Marcus' Alter, und damit sie Will interessant findet, lügt er ihr vor, Marcus sei sein Sohn. Dies führt zu weiteren Komplikationen.
Der Tod von Kurt Cobain im Frühjahr 1994 lässt für Ellie eine Welt zusammenbrechen: Aus Frust und Trauer zerschlägt sie eine Schaufensterscheibe, um den dahinter stehenden lebensgroßen Papp-Aufsteller von Kurt Cobain zu „befreien". Der folgende Aufenthalt auf der Polizeiwache, in der alle Hauptpersonen des Buches zusammenfinden, bildet den Höhe- und Schlusspunkt des Buches.
Am Ende wird Marcus ein seinem Alter gemäß „normaler" Junge. Auch Will kommt auf „erwachsene" Ideen, wenn er etwa Rachel heiraten möchte. Beide, Will und Marcus, haben bis zum Ende der Geschichte einen langen Weg an persönlicher Reife zurückgelegt.

Kapitelübersicht

Kapitel 1
Marcus stellt sich vor: Seine Mutter Fiona und ihr letzter Freund haben sich kürzlich getrennt. Um ein neues Leben zu beginnen, ist sie mit Marcus nach London gezogen. Er wird also nach den Sommerferien eine neue Schule besuchen müssen.

Kapitel 2
Will Freeman stellt sich vor: Er ist ein cooler, reicher Mittdreißiger. Er lebt allein, hat keine Kinder und fühlt sich sehr gut dabei. Den Vorschlag seiner Freunde John und Christine, Patenonkel für ihr neues Baby zu werden, lehnt er brüsk ab.

Kapitel 3
Am Ende seines ersten Schultages kann Marcus nicht einschlafen. Der Tag in der Schule war die Hölle für ihn, da er ganz offensichtlich nicht hineinpasst. Er ist „anders" als ein normaler Teenager, was auch an der Erziehung seiner Mutter liegt. Er will nicht wieder in die Schule gehen.

Kapitel 4
Will hat eine Verabredung mit einer Frau namens Angie. Sie berichtet ihm, dass sie zwei Kinder hat. Will lügt ihr vor, er liebe Kinder. In den folgenden Wochen hat er eine schöne Zeit mit Angie, spielt mit den Kindern und tut so, als amüsiere er sich dabei. Doch Angie beendet die Beziehung, weil sie noch nicht über ihren „Ex" hinweg ist. Will entdeckt fasziniert, dass er eine ganze Reihe Affären haben kann, ohne sich selbst um deren Ende kümmern zu müssen, wenn er nur mehr Frauen wie Angie finden kann.

Kapitel 5
Marcus' Schultag beginnt schlecht – mit seiner heulenden Mutter, die normalerweise nur abends weint. In der Schule wird er geärgert und dann sagen ihm auch noch zwei „Freunde" aus der Computer-AG, dass sie nicht mehr mit ihm gesehen werden wollen, da sie sonst nur Ärger bekämen.

Kapitel 6

Alleinstehende Mütter zu finden, ist gar nicht so einfach, wie Will feststellen muss. Er erfindet daraufhin einen Sohn Ned und besucht ein Treffen der Gruppe SPAT (*Single Parent Alone Together*), einer Selbsthilfegruppe von Alleinerziehenden. Er trifft dort Suzie, bei der er sich Chancen ausrechnet.

Kapitel 7

Marcus besucht seinen Vater und Lindsey, dessen neue Freundin. Alle behandeln Marcus vernünftig. Er macht sich schon Hoffnung, alles sei in Ordnung. Doch beim Kauf einer Zeitschrift wird Marcus von Mitschülern geärgert. Als er verstört nach Hause kommt, liegt seine Mutter auf dem Boden und schaut Cartoons im Fernsehen. Im folgenden Gespräch wird klar, dass Fiona in ziemlich schlechter Stimmung ist. Marcus soll am nächsten Tag, einem Sonntag, mit Suzie, Fionas bester Freundin, und den anderen SPAT-Müttern und ihren Kindern ein Picknick im Park machen.

Kapitel 8

Will, Marcus, Suzie und deren Tochter Megan nehmen alle am SPAT-Picknick im Regent's Park in London teil. Will erfindet noch eine Geschichte über seine angebliche Ex-Freundin, um die Abwesenheit seines Sohnes Ned zu erklären. Marcus und Will kommen miteinander nicht klar, Will hält Marcus für ziemlich merkwürdig. Als Will endlich Suzie näher kommen will, stört Marcus sie mit der Mitteilung, mit seinem Brot eine Ente getötet zu haben.

Kapitel 9

Will redet sich dem Parkwächter gegenüber heraus, der Will und Marcus für den Tod der Ente verantwortlich machen will, und erweist sich als durchaus netter *family man*. Suzie und Will bringen Marcus nach Hause. Dort macht Marcus die schreckliche Entdeckung, dass seine Mutter im Koma in einer Pfütze Erbrochenem liegt und ganz offensichtlich einen Selbstmordversuch mit irgendwelchen Pillen unternommen hat. Obwohl Marcus bereits eine ganze Reihe Horror-Filme gesehen hat, ist dies „der schrecklichste Anblick seines ganzen Lebens".

Kapitel 10
Will ruft den Notarzt, und die Ambulanz bringt Fiona ins Krankenhaus. Er, Marcus und Megan fahren in seinem Auto, Suzie ist bei Fiona im Krankenwagen. Sie bleiben den ganzen Abend im Krankenhaus, wo Will sich unsicher fühlt. Er kann mit einer solchen Situation nicht umgehen. Marcus hingegen erscheint seltsam ruhig und erwachsen und wirkt auf Will wie der „älteste 12-Jährige". Am Ende muss Fiona über Nacht bleiben, Marcus übernachtet bei Suzie und Will gesteht sich ein, als reiner Beobachter durchaus einen interessanten Abend gehabt zu haben, so etwas jedoch nicht jeden Tag erleben zu wollen.

Kapitel 11
Bevor Fiona nach Hause kommt, findet Marcus beim Aufräumen den Abschiedsbrief seiner Mutter, wo sie vom Tod als Ausweg spricht. Tief getroffen hat Marcus noch mehr Angst vor einer Wiederholung des Selbstmordversuchs. Die Befürchtung bestätigt sich aber nicht: Fiona ist zwar weiter depressiv, aber macht einen besseren Eindruck als in den Tagen zuvor. Marcus ist verwirrt von ihrem Verhalten, und der Versuch, sich gemeinsam mit einem Video abzulenken, schlägt fehl: Marcus sucht *Groundhog Day* (*Und täglich grüßt das Murmel-*

tier) aus, eine Komödie, in der der Held in einem sich immer wiederholenden Tag gefangen ist und u. a. mit Selbstmordversuchen dem Ganzen zu entkommen sucht. Marcus sieht die Parallelen zu seinem und Fionas Leben, sie aber hat keine Probleme damit, diesen Film anzusehen.

Kapitel 12
Wills Leben wird beschrieben, ohne echte Freunde, unterteilt in 30-Minuten-Einheiten, die es über den Tag zu füllen gilt: Mit CDs kaufen, CDs hören, Fernsehen, Klamotten kaufen usw. Fiona und Marcus haben Wills geregeltes Nichtstun durcheinander gebracht. Als er beschließt, nett zu sein zu den beiden, ruft Marcus an und lädt sich selbst und seine Mutter bei Will zum Essen ein.

Kapitel 13
Marcus will seine Mutter und Will zusammenbringen, weil er meint, dass dann noch immer einer da ist, falls jemand ausfällt.
Marcus' erste Wahl, das „Planet Hollywood"-Restaurant in London, zeigt seine Unkenntnis vom „wahren Leben" der Großstadt. Will muss dann ein anderes Restaurant aussuchen. Eine Konversation kommt, trotz Marcus' naiver Bemühungen, nur schleppend in Gang. Dabei zeigt sich, dass Marcus' Vorstellungen vom Erwachsensein und von der Liebe noch naiver sind.

Kapitel 14
Fiona ist so gar nicht Wills Typ. Alternativ gekleidet, völlig unmodisch, mit wilder Frisur und Ohrhängern aus Simbabwe ist Fiona so ganz anders als die alleinerziehenden Mütter, die Will sucht. Einige Tage später geht er dennoch zum Essen zu ihnen. Fassungslos muss er mit ansehen, wie Marcus und

Fiona zu ihrem Klavierspiel singen. Er fühlt sich sehr unwohl in dieser Situation, mit Leuten, die etwas richtig ernst meinen, und geht heim.
Er beschließt, nichts mehr mit selbstmordgefährdeten Müttern und deren verrückten Kindern zu tun haben zu wollen und sein altes Leben wieder zu leben. Doch Marcus besucht ihn erneut und konfrontiert ihn mit der Einsicht, dass Ned eine Erfindung ist. Er erpresst Will mit diesem Geheimnis, damit der noch mal mit Fiona ausgeht.

Kapitel 15
Marcus beginnt, Will regelmäßig zu besuchen. Am Anfang ist das etwas schwierig, aber mit der Zeit gewöhnen die beiden sich aneinander. Marcus verschweigt auch Fiona und Suzie gegenüber die Lüge über Ned. Will wird dabei immer klarer, in welcher Situation sich Marcus in der Schule befinden muss. Nur ein längeres Gespräch über Marcus' häusliche Situation kommt nicht zustande.

Kapitel 16
Will hat sich an Marcus' Besuche gewöhnt, er erwartet ihn bereits. Doch eines Tages sieht er, dass andere Kinder Marcus aus der Schule gefolgt sind und ihn mit Bonbons bewerfen. Die Situation, in der Marcus sich in der Schule befindet, wird deutlich. Doch Marcus kann Hinweise wie den, den Rüpeln doch aus dem Weg zu gehen, nur mit Hohn und Spott begegnen. Er kann ihnen nicht aus dem Weg gehen, da sie ihn suchen. Wenn Will schon nicht Marcus' Inneres ändern kann, so kann er es doch mit dem Äußeren versuchen. Er kauft ihm ein paar neue teure coole Turnschuhe. Er fühlt sich gut mit seiner Großzügigkeit, doch am nächsten Tag werden Marcus die Schuhe gestohlen.

Kapitel 17

Marcus, ohne Schuhe und nass geregnet, muss seiner Mutter über seine Besuche bei Will berichten und verrät dabei, dass Will gar keinen Sohn hat. Fiona ist darüber entsetzt und stellt Will, den sie mit Marcus in seiner Wohnung besucht, zur Rede. Will versucht, Fiona die Probleme zu verdeutlichen, die Marcus in der Schule hat. Fiona kann diese nicht nachvollziehen und macht Marcus anschließend klar, dass sie Will nicht aktzeptiert, obwohl er weiß, welche Kleidung Teenager tragen, weil er „von nichts sonst die leiseste Ahnung hat". Sie erklärt ihm, dass sie wisse, was sie tue. Marcus sieht sie daraufhin mit anderen Augen. Als Marcus während eines Streits erklärt, er brauche einen Vater, beginnt sie wieder zu weinen.

Kapitel 18

Die Weihnachtszeit naht, eine Zeit, die Will nicht ertragen kann. Er wünscht sich, Weihnachten genau so wie in den Jahren zuvor zu verbringen: vor dem Fernseher, betrunken und allein. Am 20. November ruft Fiona aber Will an, weil sie nach wie vor sehr verärgert über die Kontakte zwischen Will und Marcus ist. Sie verlangt von ihm, Marcus nicht mehr hereinzulassen, was Will ohne Probleme zusagt, da er beide endlich los sein will.

Kapitel 19

Marcus gibt seine Pläne für eine gemeinsame Zukunft für ihn, Will und Fiona auf, nachdem ihm Fiona mitgeteilt hat, dass Will ihm nicht mehr die Tür öffnen werde. In der Schule muss Marcus unterdessen wegen der gestohlenen Schuhe zur Schulleiterin gehen. Vor ihrem Büro trifft er Ellie, die ihn ziemlich herablassend behandelt, weil sie ihn für einen kleinen dummen Jungen hält. Sie erzählt ihm auch bewusst falsche Dinge über Kirk O'Bane (= Kurt Cobain). Im Büro versucht die Schulleiterin ihm vorzuschlagen, sich außer Reichweite der anderen aufzuhalten. Er versucht, ihr zu erklären, dass er nicht zufällig in deren Weg herumsteht, sondern gezielt fertig gemacht wird. Sie kann das nicht nachvollziehen, worauf Marcus für den Rest des Tages die Schule schwänzt.

Kapitel 20
Will mag es, mit seinem Auto ziellos durch London zu fahren und dabei Nirvana zu hören. An diesem Nachmittag sieht er dabei Marcus, der genauso ziellos durch London läuft. Er hält nicht an, weil er es nicht als seine Aufgabe ansieht, auf Marcus aufzupassen. Als Marcus aber am Nachmittag zur gewohnten Zeit wieder erscheint und über seinen Ausflug schweigt, spricht er ihn dennoch darauf an. Marcus erzählt die ganze Geschichte, und Will kann ihn auch über die Fehler in Ellies Geschichten über Kirk O'Bane (= Kurt Cobain) aufklären. Während er ihm die Bedeutung von Nirvana erklärt, bemerkt Will, dass Marcus keinen Vater braucht, der ihm beim Erwachsenwerden hilft, sondern jemanden, der ihm hilft, ein normaler Teenager zu werden. Und genau für diesen Job ist Will hoch qualifiziert.

Kapitel 21
Am nächsten Tag trifft Marcus Ellie wieder in der Schule, wo er ihr prompt von seinem neu gewonnenen Wissen über Nirvana berichtet. Er kann ihre Witze nicht verstehen und macht sich vor ihr, ohne dass er das bemerkt, zum Narren. Er fühlt sich zum ersten Mal ein wenig akzeptiert, und belustigt laden Ellie und ihre Freundin Zoe ihn ein, die Pause mit ihnen zu verbringen.

Kapitel 22

Trotz ursprünglich anderer Pläne verbringt Will das Weihnachtsfest mit Fiona und Marcus, nachdem dieser ihn eingeladen hat. Fionas Wohnung ist voller Menschen: Ihr früherer Lebensgefährte Clive, Marcus' Vater, und dessen neue Freundin Lindsey und deren Mutter. Nach Wills Auffassung ist der Abend eine Katastrophe, doch ist er überrascht von der (echten?) Dankbarkeit, die Marcus für die Geschenke zeigt, die er von seiner Mutter bekommt. Will schenkt ihm das Nevermind-Album von Nirvana und ein T-Shirt mit dem Gesicht von Kurt Cobain drauf.

Kapitel 23

Fiona reagiert bereits leicht gereizt, als Marcus von seinem Vater ein Computerspiel geschenkt bekommt. Als dieser dann auch noch beginnt, sich einen Joint zu drehen, platzt Fiona der Kragen und es kommt zu einem Streit zwischen den beiden. Wenig später erscheinen Suzie und ihre Tochter Megan. Es kommt zu einer peinlichen Szene, in der Will versucht zu gehen. Am Ende kennt jeder im Raum die volle Geschichte um SPAT und seinen erfundenen Sohn Ned. Eine Auseinandersetzung zwischen Fiona, Suzie und Will wird erst von Marcus beendet, der darauf besteht, dass Will auf der Feier bleibt.

Kapitel 24

Auf einer Silvesterparty lernen sich Rachel und Will kennen. Sie hat einen Sohn namens Ali (kurz für Alistair), und Will kann es nicht lassen, an der Wahrheit herumzubasteln. Am Ende des Gesprächs hat er genau genommen nicht gelogen, doch Rachel glaubt, er habe einen Sohn. Er redet es ihr nicht aus. Nach Mitternacht verabreden die beiden, dass sich ihre beiden Jungs kennen lernen sollen.

Kapitel 25
Auf der Silvesterparty bei Suzie trifft Marcus erneut auf Ellie, deren Mutter auch bei SPAT mitmacht. Ellie weiß vom *Dead Duck Day*, und Marcus und sie sprechen über das vergangene Jahr 1993. Ellie trinkt Alkohol, und auch Marcus greift zu einer Cola-Sherry-Mischung. Sein verzweifelt-naiver Versuch, Ellie zum Tanzen aufzufordern, scheitert kläglich. Ellie und Marcus verstehen sich trotzdem besser.

Kapitel 26
Marcus berichtet Will von seinen – reichlich verwirrten – Gefühlen Ellie gegenüber. Will hingegen muss Marcus seine Gefühle Rachel gegenüber schildern, um ihm deutlich zu machen, wieso er will, dass Marcus für einen Tag seinen Sohn spielt. Am Nachmittag besuchen Will und sein „Sohn" Marcus die Wohnung von Rachel und Ali. Es ist eine schicke, moderne Wohnung voller Bücher und Will ist beeindruckt. Er und Rachel schicken Marcus sofort in Alis Zimmer.

Kapitel 27
Binnen weniger Momente wird klar, dass die beiden nicht zusammenpassen: Ali ist *trendy* und cool, trägt einen Ohrring und Basketballschuhe. Er möchte nur eines: dass Will und Marcus abhauen und nie wiederkommen. Marcus' Versuche, eine höfliche Konversation zu beginnen, scheitern. Er verlässt schließlich die Wohnung, weil er um sein Leben fürchtet. Erst nach einer Diskussion zwischen Ali und seiner Mutter ist Marcus bereit zurückzukehren. Ali gibt den beiden weinend, zerknirscht und verärgert eine Chance.
Am Ende des Kapitels muss Ellie Marcus vor einem Zeitschriftenladen vor zwei Jungs beschützen, die ihn verprügeln wollten.

Kapitel 28
Zunächst muss Will einem verliebten (?) Marcus erklären, dass eine Beziehung nicht darauf beruhen kann, dass eine größere und stärkere Frau ihren kleinen Partner vor Schlägern schützt, in dem sie selbst zuschlägt. Will muss Marcus enttäuschen: Ellie liebe ihn wohl nicht, obwohl Marcus von ihr träumt. Bei einem abendlichen Essen sagt Will Rachel die Wahrheit über Marcus, dass er keinen Sohn hat und dies auch nie behauptet habe.

Kapitel 29
Während Marcus zum Friseur geht und eine neue Brille bekommt, verschlechtert sich Fionas Stimmung wieder. Marcus möchte, dass sich Will um sie kümmert, was dieser ablehnt. In diesem Kapitel wird von Kurt Cobains erstem Selbstmordversuch im März 1994 in Rom berichtet. Ellie leidet darunter, was Marcus überhaupt nicht nachvollziehen kann.

Kapitel 30
Will denkt über das Leben nach, über seinen mangelnden Lebensmut, Lebenssinn und Lebenszweck. Er hat keine Ahnung, wie er Fiona helfen kann. Zu seinem Glück hat er Sex mit Rachel, was ihm wieder etwas aufhilft. Auch Rachels Lektionen über den Sinn des Lebens geben Will wieder etwas Lebensmut.

Kapitel 31
Marcus' Vater Clive hatte einen Unfall und Fiona möchte, dass Marcus ihn besucht. Er möchte zunächst nicht, doch als Ellie anbietet, ihn zu begleiten, willigt er ein, und die beiden fahren nach Cambridge. Es ist der Tag, an dem Kurt Cobains

Selbstmord in den Zeitungen verkündet wird. Ellie hat das natürlich auch bemerkt und ist zutiefst erschüttert. Sie beschließt, sich im Zug zu betrinken. Marcus hat Angst um sie.

Kapitel 32
Rachel erscheint absichtlich nicht zu einer Verabredung zusammen mit Will und Fiona. Will hatte das Treffen arrangiert, um Fiona zu helfen. So müssen sich die beiden erstmals seit langer Zeit allein unterhalten. Nach anfänglichen Schwierigkeiten beginnt Fiona, ihre Lebensgeschichte zu erzählen. Will beginnt, Fiona und ihre Probleme zu verstehen. Auf dem Nachhauseweg erfahren die beiden von Cobains Selbstmord und müssen zuhause bei Fiona auf dem Anrufbeantworter hören, dass Marcus und Ellie auf einer Polizeiwache sind.

Kapitel 33
Im Zug bemerkt Marcus, dass er nicht Ellie als Freundin haben möchte. Er braucht ein Mädchen, das ruhiger ist. Eine betrunkene Ellie beginnt im Zug aus Verehrung für den toten Kurt Cobain über Selbstmord zu fantasieren, was Marcus anwidert. Sie steigt in Royston aus dem Zug und Marcus kann ihr knapp folgen. Sie ist so wütend über den Tod Kurt Cobains, dass sie ein Schaufenster mit einem lebensgroßen Kurt-Cobain-Pappaufsteller darin einwirft, um ihn herauszuholen und so ihren Protest gegen die kommerzielle Ausschlachtung von Cobains Tod zum Ausdruck zu bringen. Sie und Marcus werden von der Polizei verhaftet. Marcus' Vater Clive und seine Freundin Lindsey sind die Ersten, die in der Nacht noch ankommen. Es kommt zu einem Streit zwischen Marcus und seinem Vater.

Kapitel 34
Fiona, Will und Ellies Mutter fahren nach Royston, um die Kinder abzuholen. Marcus streitet mit seinem Vater, und Fiona hält eine dramatische Rede, in der sie sich dafür entschuldigt, eine so schlechte Mutter zu sein. Dieser Abend bildet einen Wendepunkt in Fionas Ansichten. Marcus hingegen bemerkt, dass Ellie nicht gut für ihn ist. Will beobachtet alles, doch seine Ansichten unterscheiden sich deutlich vom *Dead Duck Day*: Jetzt ist er ein Teil einer Gruppe von Leuten, die einander auf verschiedene Weise verbunden sind.

Kapitel 35
Marcus bleibt für das Wochenende bei seinem Vater Clive und dessen Freundin Lindsey. Sein Vater entschuldigt sich dafür, nicht immer ein guter Vater gewesen zu sein. Marcus hingegen stellt fest, dass jetzt alles besser ist als früher, dass er auch ohne einen Vater ganz gut zurechtkommt.

Kapitel 36
Jeder hat sich verändert. Will hat eine stabile Beziehung zu Rachel und macht Unternehmungen mit Marcus und Ali. Er hat seine „harte Schale" verloren und sein verletzbares Inneres ist an die Oberfläche gekommen. Selbst Fiona hat sich ein wenig gefangen. Marcus ist ein beinahe „normaler" Teenager geworden, der auch sein Äußeres verändert hat. Vor allem teilt er nicht mehr den Musikgeschmack seiner Mutter. Beide *boys*, Will und Marcus, haben ihre Kindheit hinter sich gelassen.

2.3 Aufbau

Die Perspektive wechselt in jedem Kapitel: Der Erzähler konzentriert sich in jedem ungeraden (1, 3, 5 ...) Kapitel auf Marcus, in jedem geraden (2, 4, 6 ...) Kapitel auf Will. Die Geschichte wird so abwechselnd aus der Sicht von Marcus und Will erzählt. Dabei erfahren wir von ihren Gedanken, Nöten und Sorgen, aber der Erzähler kommentiert auch das Verhalten der beiden.

Zeitliche Struktur

Das Buch *About a Boy* spielt im Spätsommer und Herbst 1993 und über den Winter bis ins Frühjahr 1994. Das letzte Kapitel zeichnet als eine Art Nachwort den allgemeinen Lauf der Dinge bis in den Sommer 1994 hinein nach.

Kapitel 1–17	Herbst 1993 in London: Marcus und Fiona sind im Sommer 1993 frisch nach London gezogen. Marcus lernt am *Dead Duck Day*, einem Spätsommertag, Will kennen. Im Herbst wird Will in die Probleme von Fiona und Marcus hineingezogen.
Kapitel 18	Am 19. November hört Will zum ersten Mal in diesem Jahr das Weihnachtslied seines Vaters. Am 20. November ruft Fiona bei Will an.
Kapitel 19–21	Vorweihnachtszeit: Marcus und Ellie lernen sich kennen.

Kapitel 22 und 23	Weihnachten bei Marcus und Fiona.
Kapitel 24 und 25	Silvesterfeiern: Will verliebt sich in Rachel, und auf einer anderen Feier treffen sich Ellie und Marcus.
Kapitel 26–29	Frühjahr 1994: In Kapitel 29 unternimmt Kurt Cobain seinen ersten Selbstmordversuch (4. März 1994).
Kapitel 30	März 1994: Will schöpft neuen Lebensmut aus dem Gespräch mit Rachel.
Kapitel 31–35	8. April 1994 und die Nacht auf den 9. April: Kurt Cobains Leiche wird entdeckt (Tod schon am 5. April) und die Nachricht seines Selbstmords (er erschoss sich mit einer Schrotflinte) geht um die Welt. Ellie und Marcus sind auf dem Weg nach Cambridge, Will und Fiona beim Essen. Am Ende treffen sich alle Hauptpersonen auf der Polizeistation in Royston.
Kapitel 36	Nachwort im Sommer 1994

2.4 Personenkonstellation und Charakteristiken

'No man is an island, entire of itself; every man is a piece of the continent, a part of the main.'
„Kein Mensch ist eine Insel, allein mit sich; jeder Mensch ist ein Teil eines Kontinents, ein Teil des Ganzen."
John Donne (1572–1631), Meditation XVII, from *Devotions Upon Emergent Occasions* (1624)

Dieser Satz aus John Donnes *Meditationen* zieht sich wie ein Leitmotiv durch die Geschichte und wird im Film immer wieder erwähnt. Und er wird auch bei der Betrachtung der Personenkonstellationen wichtig, denn er stellt das Problem von Wills und Marcus' Position im Buch treffend dar. Beide sind zunächst als Einzelgänger gezeichnet, die sich jedoch bald begegnen und sich beeinflussen. Alle anderen Personen, die um die beiden gruppiert sind, festigen ihre Beziehungen zueinander und zu den beiden Hauptpersonen im Laufe des Buches, so dass am Ende keiner mehr als eine Insel erscheint.

2.4.1 Will

Wenn es einen Preis gäbe für offensichtliche Namensgebung, Hornby hätte ihn für Will Freeman verdient. Will folgt allein seinem eigenen Willen und ist so ein freier Mann. Das ist die Basis seiner weiteren Charakterisierung.
Am Anfang der Geschichte ist Will einfach cool. Um es mit Fionas Worten zu sagen: Er ist ein „egoistischer Bastard".
Aber das stimmt nicht ganz: Wie er selbst sagt, betrachten sich Egoisten als wichtiger als *andere* Leute. Aber in Wills Leben gibt es keine *anderen* Leute: Will hat einen Stiefbruder und

eine Stiefschwester. Der Kontakt mit ihnen jedoch ging nach dem Tode seiner Mutter recht schnell verloren (Kap. 18). Von seinem verstorbenen Vater hat er trotz des Reichtums, den dieser ihm hinterlassen hat, keine hohe Meinung. Wenn dieser einmal erwähnt wird, dann als jemand, der keine echte Familie hat aufbauen können. Auch Will hat keine feste Partnerin und kaum echte Freunde.

Er ist ein zu groß gewordener Junge, der sich mit einer Hülle aus bequemen, das wirkliche Leben ausschließenden Sachen umgibt: Musik, Kino, Fernsehen, Mode. Er ist immer auf der Suche nach Abenteuern mit Frauen, aber nie nach einer echten Beziehung. Als Angeber und Blender interessiert er sich sehr für sein Äußeres. Passenderweise fährt er einen GTI, irgendeinen Sportwagen, in den der Kindersitz, den er sich kauft, nun wirklich nicht hineinpasst (im Film fährt er einen Audi TT). Er ist stolz auf seinen Lebensstil, mit dem er Nichtstun zu einer Kunst getrieben hat. Will gibt dies auch unumwunden zu: Als er, der Kinder nicht ausstehen kann, von Freunden am Ende von Kapitel 2 gefragt wird, ob er Patenonkel ihres Kindes werden will, meint er offen, es sei einfach nicht sein Ding. Er sei wirklich nur oberflächlich.

Sein Ziel ist es, sich um nichts und niemanden kümmern zu müssen.

Wills Masche mit den alleinerziehenden Müttern entspricht genau seinem Charakter: Er nutzt die deprimierten, verlassenen und traurigen Frauen aus, ohne dass er dabei Gewissensbisse verspürt – falls er ein Gewissen hat. Als er Angie trifft, spielt er überzeugend den Familienmenschen. Er gibt den *Mr Nice Guy* ziemlich erfolgreich, vor allem deshalb, weil es eine Masche ist, die nicht weit von seiner oberflächlichen Höflichkeit entfernt liegt.

Mr Nice Guy

Als er gegen seinen Willen in die Geschichte um Marcus und Fiona hineingezogen wird, wehrt er sich lange gegen das Aufkommen von Gefühlen. Doch er kann deren Probleme nicht so einfach ignorieren, weil Marcus schließlich jeden Tag bei ihm klingelt.
Erst als er Marcus ein wenig näher und besser kennen gelernt hat, erkennt er in Marcus auch einen Teil seiner selbst wieder und beschließt, Marcus ein wenig zu unterstützen. Es ist dieses Bemühen um Marcus, das ihn verändert. Er öffnet sich, wird menschlicher, ehrlicher und auch verletzbarer. Er lügt weniger und wird auch weniger „cool". Seine Schale ist aufgebrochen.
Marcus füllt dabei eine Lücke bei Will, von der dieser vorher gar nicht wusste, dass sie existiert: Marcus gibt Will ein Ziel, eine Aufgabe, einen Grund, morgens aufzustehen. Langsam, und sich immer dagegen wehrend, beginnt er, Marcus zu helfen – und dabei hilft Marcus auch ihm. Dies bemerkt auch Rachel, und so wird diese Fürsorge für Marcus zum Beginn seiner Beziehung mit Rachel.
Es passiert erst im Kapitel 32, am Ende, als er im Autoradio des Taxis vom Tode Kurt Cobains hört, dass er sich erstmals ernsthafte Sorgen um Marcus macht. Marcus, so weiß Will nur zu gut, ist noch nicht alt genug, um ein solches Ereignis mit einem zynischen Schulterzucken abzuhaken. Will spürt erstmals eine echte Gefahr für Marcus und eine echte Sorge um ihn. Und es ist einmal mehr ein Hinweis auf die saubere Komposition des Romans, dass es Hornby schafft, den Tod Kurt Cobains auch in Wills Leben als Wendepunkt zu markieren.

Wendepunkt: Tod Kurt Cobains

Am Ende kann Will tatsächlich ein Gespräch über ernste Themen führen und auf Leute eingehen. Er interessiert sich mehr für andere Menschen und deren Bedürfnisse und hört auf, sich ganz allein als Insel zu sehen. Er hat einen Teil seiner Coolness und seiner Arroganz verloren und hat gar manchmal das Gefühl, jemanden zum Reden zu brauchen. Er ist gezwungen worden, erwachsen(er) zu werden.

2.4.2 Marcus

Frisch nach London gezogen, ist Marcus in den ersten Kapiteln einsam. An der neuen Schule mag ihn keiner, er ist ein Außenseiter. Seine geschiedene, alleinerziehende Mutter Fiona ist ihm keine Hilfe, denn sie ist es, die Hilfe nötig hätte.

Außenseiter

Marcus fällt auf. Er kleidet sich anders, redet anders, denkt anders, hört andere Musik als seine Altersgenossen. Das liegt vor allem daran, dass er schlicht auf das hört, was seine Mutter ihm sagt. Er interessiert sich nicht für Fußball, weiß nicht, was „in" ist, und hat noch nicht einmal einen CD-Player. Als Teenager ist er ein totaler Versager. Er wird in der Schule schikaniert und terrorisiert und für den hilflosen Rat der Schuldirektorin, er solle versuchen, nicht aufzufallen, kann er deshalb nur Hohn und Spott übrig haben.

Als Scheidungskind ist er auf der Suche nach einer Vaterfigur, oder, wie er das nennt, auf der Suche nach einem *back-up*, einer Sicherung, einem „Plan B", einem Ersatz für den Fall, dass es mit Fionas Depressionen nicht besser wird. Sie liebt ihn, ohne Frage, aber eben nur so weit, wie sie es in ihrem Zustand kann, und ihre unvorhersagbaren Stimmungstiefs und Heulattacken ängstigen ihn, besonders, als eines Tages ein solches Stimmungstief zu einem Selbstmordversuch mit Tabletten führt.

Mit dem Anblick seiner im Koma liegenden Mutter beginnt für Marcus ein neuer Teil seines Lebens. Er wird für immer

daran denken, er ist sprachlos – um sich die Unbegreiflichkeit der Szene begreiflich zu machen, vergleicht er sie mit einem Horror-Video, und doch ist es das Schlimmste, was er je gesehen hat. Er ist besorgt um die Zukunft seiner Mutter und seine eigene, für ihn ist es der Beweis, dass sie nun verrückt ist. Dies führt dazu, dass er sie anders behandeln wird.
Seit jenem Tag ändert sich sein Leben auch dadurch, dass er mit Will Freeman eine Person gefunden hat, die er als „Vater-Figur" selbst adoptieren möchte. Will und wenig später Ellie verändern Marcus, da beide den sozialen Rahmen bieten, der es ihm erlaubt, sich von der ausschließlichen Konzentration auf seine Mutter abzuwenden und anderes im Leben zu entdecken, Fernsehen z. B., laute Musik, Turnschuhe, Mode u. a. Dieser soziale Rahmen wird von Marcus als Menschenpyramide beschrieben, wie jene Zirkusakrobatik. Er selbst steht oben auf den Schultern von vielen anderen Menschen. Paare sind keine Zukunft, findet Marcus, er sucht ein stabiles soziales Netz, das ihn auffangen kann, wenn mal jemand ausfällt. Alles in allem wird Marcus selbstbewusster im Laufe des Buches, nachdem ihm Will und Ellie die Kraft gegeben haben, die Schultage zu überstehen.

2.4.3 Fiona

Fiona tritt uns als eine ein wenig merkwürdige Frau entgegen. Ihr Äußeres weist darauf hin, dass sie irgendwo in den späten 70ern oder den frühen 80ern stehen geblieben ist: Leggings, Wollpullis und – als sie mit Will und Marcus erstmals ausgeht – Riesenohrclips aus Simbabwe. Auch die Musik, die sie hört, gehört in eine vergangene Zeit: z. B. Joni Mitchell und Bob Marley. Zusammen mit ihrem Beruf als Musik-Therapeutin runden ihr Hintergrund in der Universitätsstadt Cambridge und die Tatsache, dass sie Vegetarierin ist, das Bild ab: Sie ist eine linksliberale, ökologisch-sozial orientierte Frau, emanzipiert und offen für alternative Ideen und Bewegungen. Ihre Erziehungsprinzipien sind bewusst emanzipatorisch, ihr erstes Ziel ist es, Marcus zu eigenem Denken zu befähigen und zu ermutigen. Dass sie diese Erziehungsprinzipien autoritär durchsetzt, dass sie Marcus als ihr Abbild zu erschaffen sucht, dass sie ihn zwingt, ihrem Geschmack zu folgen – all das fällt ihr nicht auf.

linksliberal, ökologisch-sozial

Fiona ist geschieden, und nach der Scheidung hat sie Cambridge verlassen und ist nach London gezogen. Sie hat eine erstaunlich positive Beziehung zu ihrem früheren Lebensgefährten und Vater ihres Sohnes, Clive, erhalten können, was z. B. am Weihnachtsfest deutlich wird.

Während Clive eine neue Partnerin hat, kann Fiona keine neue Partnerschaft aufbauen. Buch (und Film) beginnen mit dem Ende einer kurzen Affäre. Als berufstätige Single mit Kind ist es auch schwierig, jemanden zu finden. Die offensichtliche Lücke in ihrem Leben versucht sie mit den Treffen der SPAT-Gruppe zu schließen. Doch auch die anderen Alleinerziehenden können nichts daran ändern, dass es ihr nicht gut geht.

Fiona ist eine unglückliche und depressive Frau. Sie ist so unglücklich, dass sie zu Beginn des Buches ihre depressiven Weinkrämpfe auch schon morgens bekommt und sich in Kapitel 9 umzubringen versucht. Wie sich zu Wills Überraschung bei jenem Abendessen in Kapitel 32 herausstellt, steckt hinter ihrer Depression aber nicht ein großes schicksalhaftes Ereignis in der Vergangenheit, sondern sie ist die Summe der vielen kleinen Gemeinheiten und Ungerechtigkeiten, die das Leben für idealistische Erwachsene bereithält.

Fiona versucht eine gute Mutter zu sein. Anfangs nimmt ihr das Marcus auch ab, doch der Abschiedsbrief nach ihrem Selbstmordversuch erschüttert sein Vertrauen in sie. Allerdings kann sie in ihrer eigenen Sturheit nicht erkennen, wie schlecht es Marcus geht. Sie kann ihn nicht mehr erreichen, nicht mehr zu ihm durchdringen.
Doch bevor sich ein allzu negatives Bild von Fiona verfestigt, muss darauf hingewiesen werden, dass die eine Hälfte des Buches aus Marcus' Perspektive erzählt ist: Aus der Sicht eines Teenagers, der sich langsam von seiner Mutter abnabelt. Die andere Hälfte des Buches ist aus Wills Sicht erzählt, der Fiona entweder von Marcus geschildert bekommt oder sich seine Meinung in für Fiona ungünstigen Momenten selbst bildet. Wir erfahren nichts weiter über ihren Beruf oder über ihre Freundschaft mit Suzie. Eine wirkliche faire Betrachtung Fionas wird also unmöglich. Andere Kritiker haben darauf hingewiesen, dass Nick Hornby schlicht keine überzeugenden Frauencharaktere schreiben könne.

2.4.4 Ellie

Wir treffen Ellie in Kapitel 19, wo sie zusammen mit Marcus vor dem Büro der Schulleiterin sitzt, nachdem sie sich mal wieder danebenbenommen hat. Sie nimmt Marcus nicht ernst, nimmt ihn auf den Arm, weil er weder Kurt Cobain noch die Mannschaft von Manchester United kennt.
Ellie ist wichtig für die Geschichte, da sie Marcus' Verhalten und Entwicklung beeinflusst und fördert. Sie ist der erste echte Freund für Marcus in London, vielleicht überhaupt. Sie bietet einen starken Kontrast zu Marcus, da sie rebellisch ist, wo Marcus behütet ist, da sie auffällt, wo Marcus unscheinbar

ist, da sie „hip" ist, wo Marcus „uncool" ist. Sie ist das verrückte Mädchen und er der ruhige kleine Junge. Beiden gemein ist, dass sie durch ihre Kleidung auffallen: Die eine durch *Grunge*-Klamotten, Marcus durch die Klamotten, die seine Mutter ihm aussucht. Beide passen nicht in das übliche Verhalten auf dem Schulhof und beide mögen – Marcus erst später, durch Ellie – Nirvana und Kurt Cobain.

Kontrastfigur zu Marcus

Ellies Verhalten den Autoritäten gegenüber ist es, das Marcus mehr Selbstvertrauen gibt, genug Selbstvertrauen, um die Schule zu schwänzen und seinem Vater die Meinung zu sagen. Ellie ist es auch, mit der Marcus über alles reden kann.
Andererseits hat Ellie keine echten Probleme – zumindest im Vergleich zu Marcus. Doch sie erfindet Probleme, um genauso traurig und depressiv zu sein wie ihr Idol Kurt Cobain. Diese ihre dunkle Seite kommt auf der Bahnfahrt nach Cambridge zum Vorschein: Alkohol trinkend, ihre inneren Konflikte mit Gewalt lösend, steht Marcus ihr verständnislos gegenüber.

Ellies Mutter wird in Kapitel 25 kurz vorgestellt, wobei sie nicht zu Wort kommt. Ihren großen Auftritt hat sie am Schluss, auf der Fahrt nach und in der Polizeiwache in Royston. Auch sie ist bei SPAT, auch sie eine *single mum*, auch sie scheint ein wenig merkwürdig zu sein. In Ellie wird uns eine weitere Variante des Verhaltens von Kindern alleinerziehender Eltern vorgeführt.

2.4.5 Rachel und Ali

Rachel ist eine besondere Frau. Für Will allemal, doch auch der Leser bekommt ein Gefühl dafür, was in Rachel steckt: Sie lebt allein mit ihrem Sohn in einer wunderschönen Wohnung,

die eine besondere Atmosphäre von Wärme und Behaglichkeit ausstrahlt. Als Künstlerin, die Kinderbücher illustriert, hat sie einen besonderen Geschmack, sie sieht gut aus. Sie ist witzig, intelligent und kann wunderschön lachen. Sie ist, kurz gesagt, die Traumfrau für einen intelligenten Mann. Sie hat, wie sich in Kapitel 30 herausstellt, ihre depressive Phase schon hinter sich: Auch sie dachte einmal, nach ihrer Scheidung, darüber nach, ihrem Leben ein Ende zu setzen. Aber sie hat weitergemacht, weil es immer im Leben etwas gibt, was erledigt werden muss, worauf man sich freuen kann oder das man anderen Menschen noch schuldet. Und es ist diese positive Weltsicht, die auch Will die Kraft gibt, durchzuhalten.
Rachel ist anders als alle anderen Freundinnen, die Will vor ihr hatte. Es ist das erste Mal, das Will tatsächlich eine Frau liebt. Er vergleicht seine Beziehung sogar kurz mit der zwischen Marcus und Ellie: In beiden Fällen reicht es den „Männern" zunächst, mit der Frau zusammen zu sein, von Sex will Will zunächst nichts wissen. Will arbeitet ernsthaft für seine Beziehung und hat am Anfang sogar Angst, Fehler zu machen. Doch auch diese Beziehung zu Rachel leidet an Wills Lieblingsspiel: den Lügen, die er auftischt. Es dauert eine ganze Weile, bis Will begreift, dass er Rachel die Wahrheit sagen kann.

Traumfrau

Rachel bleibt bei Will, bleibt ihm treu, auch nachdem er die Geschichte über Fiona erzählt hat. Sie muss ein fast übermenschliches Einfühlungsvermögen haben. Sie lässt die beiden sogar zusammen einen Abend verbringen. Eifersucht scheint ihr fremd zu sein. Und in der Tat: Wenn man ihre Eigenschaften zusammenbringt, tritt uns Rachel schlicht als Traumfrau entgegen, überirdisch klug, schön, emotional, interessant. Sie ist all das, was Will nicht ist – und Fiona auch nicht. Rachel ist die eine positive Frauenfigur im Buch (abgesehen von Suzie, die auch beinahe zu gut ist, um wahr zu sein) und tritt damit Fiona gegenüber, die eigentlich karikaturhaft überzeichnet negativ dargestellt ist.

Ali ist Rachels 12-jähriger Sohn, der mit seiner geschiedenen Mutter in London lebt. Wie alle anderen Kinder alleinerziehender Mütter im Buch ist auch er schwierig. Er wird zuerst im Kapitel 26 vorgestellt.
Ali ist in einer Weise cool, wie Marcus es nicht ist: Ali trägt Basketball-Stiefel, übergroße *baggy*-Jeans und er trägt sein Haar im *shaggy-Grunge*-Stil der Band Nirvana, deren Fan er ist. Er hat Poster von Pamela Anderson im Zimmer und seinen eigenen Computer.
Ali kann Will und vor allem Marcus nicht ausstehen. Denn beide gefährden seine Beziehung zu seiner Mutter: Er hat Angst, sie an Will zu verlieren. Erst nach einem Gespräch mit seiner Mutter versucht er sich mit beiden zu arrangieren. Es zeigt sich, dass unter seiner harten Teenager-Schale doch ein ganz netter Kern liegt: Vielleicht erkennt er, dass er selbst in vielen Dingen ein ähnlich verlorener Typ ist wie Marcus, wobei Ali das besser überspielen kann. Er kommt am Ende ganz gut mit Will und Marcus aus.

2.4.6 Marcus' Vater

Marcus' Vater Clive hat eine der undankbarsten Rollen im Buch: Da das Buch aus der Sicht von Marcus geschrieben ist, taucht er immer nur am Rande auf: als der, der seinen Sohn verlassen hat. Als der mit der neuen Freundin, die er sogar mitbringt auf die Weihnachtsfeier seiner früheren Lebensgefährtin. Als Alt-Hippie, der Weihnachten Drogen nimmt und unpassende Geschenke macht. Als jemand, der nur dann seinen Sohn sehen will, wenn er vom Fensterbrett gefallen ist und sich das Schlüsselbein gebrochen hat. Als jemand, der nach einem *big think* ein besserer Vater sein will, obwohl er es die Jahre davor nicht war. Die einzige Szene, in der er ein wenig zu sagen hat, ist auf der Polizeiwache in Royston (Kap. 33) und auch hier macht er keine gute Figur.

Clive ist ein ungenau gezeichneter Charakter, der im Hintergrund das Zerrbild eines desinteressierten Vaters abgibt.

Zerrbild eines desinteressierten Vaters

2.4.7 Weitere Personen

Angie ist die erste *single mum*, die Will trifft. Ihre kurze Beziehung und deren schnelles und (für ihn) schmerzloses Ende bringen ihn erst auf die Idee, es mit alleinerziehenden Müttern zu versuchen.

Suzie trifft Will in der SPAT-Gruppe. Sie ist nett, freundlich, hilfsbereit und interessant. Sie hat eine kleine Tochter, Megan. Genau so, wie Will sich das vorgestellt hat. Dumm nur, dass er sie belogen hat, er hätte einen Sohn – Suzie vergibt ihm das nie. Suzie bringt beim SPAT-Picknick Will und Marcus zusammen.

Lindsey ist die neue Freundin von Marcus' Vater. Sie spielt weiter keine Rolle.

2.5 Sachliche und sprachliche Erläuterungen

Diese sachlichen und sprachlichen Erläuterungen beziehen sich auf die englischsprachige Ausgabe und folgen der Kapiteleinteilung des Buches. Da die beiden großen deutschen Schulbuchverlage Klett und Cornelsen jeweils eigene Versionen mit Worterklärungen im Programm haben, wird im Folgenden davon ausgegangen, dass eine dieser Ausgaben vorliegt. Aus diesem Grunde wurde auf reine Vokabelangaben verzichtet. Die Sacherläuterungen beziehen sich also weitgehend auf die kulturellen Anspielungen auf das England der Jahre 1993/94. Da die Seitenzahlen je nach Ausgabe variieren, wurde auf sie verzichtet.

Kapitel 1

Cambridge – kleine Universitätsstadt im Süden Englands. Damit ist sie eine Heimat für viele auch verschrobene Sonderlinge, so dass Marcus wohl kaum auffallen dürfte.
Home Alone 1 und *2* – auf Deutsch heißen diese Filme *Kevin allein zu Haus* und *Kevin allein in New York* mit Macauly Culkin in der Hauptrolle. *Honey, I Shrunk the Kids* ist *Liebling, ich habe die Kinder geschrumpft*, *Honey, I Blew Up the Kid* heißt auf Deutsch *Liebling, ich habe die Kinder geschrumpft*. Alle vier Filme sind recht albern und ideale Filme, um allein in einer fremden Stadt einen Abend zu bestreiten.

Kapitel 2

Ecstasy – eine Modedroge der 1990er
Labour – die große linke, sozialdemokratische Partei, die 1993/94 in Großbritannien noch in der Opposition war.
Bruce Springsteen – zwar heute noch bekannt, aber er hatte seine große Zeit in den 1980ern. Anfang der 1990er waren

andere Dinge „in", so dass Will die alten Platten guten Gewissens verkaufen konnte.

Frosty the Snowman – Figur einer Kinderserie

Nirvana – die Top-Band der frühen 1990er Jahre. Siehe Kapitel 5.2 dieses Bandes.

Snoop Doggy Dogg – ein Rapper

EastEnders – eine seit Jahrzehnten laufende Soap-Serie im britischen Fernsehen, die im Londoner East End spielt. Sie war Vorbild für die Lindenstraße und alle weiteren, ähnlichen Serien.

non sequitur – lateinisch: das danach Gesagte folgt nicht logisch aus dem davor Gesagten.

Kapitel 3

Macauly Culkin – der Star der *Kevin allein ...*-Filme

Glastonbury – Ort im Süden Englands mit einem bekannten Kulturfestival: www.glastonburyfestivals.co.uk

Joni Mitchell – siehe Kap. 5.1 dieses Bandes.

Bob Marley – 1981 verstorbener jamaikanischer Reggae-Sänger, der in den 1970ern sehr populär war. Beide, Marley und Mitchell zusammen, zeigen, in welcher Zeit Fiona musikalisch „hängen geblieben" ist.

One flew over the Cuckoo's Nest – Einer flog über das Kuckucksnest, Film aus dem Jahre 1975 (mit Jack Nicholson), basierend auf einem Roman mit dem gleichen Titel aus dem Jahre 1962. Er spielt in einer Nervenheilanstalt, in der die Leiterin deutlich gefährlicher ist als die Insassen.

Kapitel 4

Vinyl – das Material, aus dem Schallplatten hergestellt werden.

R & B – Rythm and Blues

Pinky and Perky – Charaktere aus einer Kindersendung der 1950er, 60er und frühen 70er.
The Guardian – linksliberale englische Tageszeitung: www.guardian.co.uk
The Mail – konservative englische Tageszeitung
Julie Christie – englische Schauspielerin, geb. 1941, attraktiv, blond und gut aussehend.
VCR – Video Cassette Recorder
Casualty – Krankenhaus-Serie

Kapitel 5

variety pack – kinderfreundliche Riesen-Cornflakespackung mit vielen Geschmacksrichtungen und Sorten
Tetris – das Computerspiel, das den Gameboy der Firma Nintendo populär machte: Eine Reihe Bausteine fallen von oben in den Bildschirmbereich und müssen unten zusammengesetzt werden. Ein Schulhofspiel für Jungs, die Mädchen noch nicht entdeckt haben.
Chris Evans – britischer Fernsehstar
Tupac, Warren G – Rap-Stars

Kapitel 6

Durex – Kondommarke. "before the days you had to" bezieht sich auf die Zeit vor AIDS.
VSO – Volunteer Service Overseas. Ein Entwicklungshilfe-Projekt mit Freiwilligen
Local adult education centre – vergleichbar mit einer Volkshochschule
B-reg – Englische Autokennzeichen werden landesweit durchnummeriert. Will kann an dem B vorne erkennen, dass das Auto Mitte der 1980er zugelassen wurde. Das ist ein starker Kontrast zu seinem neuen (vermutlich VW Golf) GTI.

Chessington World of Adventure (www.chessington.co.uk) und Alton Towers (www.alton-towers.co.uk) – Freizeitparks (hauptsächlich) für Kinder
Worzel Gummidge – Vogelscheuche in einer Kinder-Fernsehserie
Lorena Bobbitt – Lorena Bobbitt schnitt im Juni 1993 ihrem Mann den Penis ab. In ihrem Prozess, einem großen Medienspektakel, wurde sie im Januar 1994 freigesprochen, da sie aufgrund vorübergehender Geistesverwirrung für schuldunfähig befunden wurde. Im Film trägt eine der Teilnehmerinnen der SPAT-Gruppe ein T-Shirt mit ihrem Namen.
Islington – schicker Wohnbezirk im Norden Londons. Nick Hornby selbst wohnt dort.

Kapitel 7
Mr Patel – der Name ist indisch.
NBA Basketball – ein Computerspiel
Regent's Park – ein großer Park im Herzen Londons

Kapitel 8
C. S. Lewis – britischer Autor, dessen Roman *The Lion, the Witch and the Wardrobe* das erste seiner sieben Narnia-Bücher bildet. In ihm gelangen die Helden durch einen Schrank in eine andere Welt.
Mince pie – traditionelles englisches Weihnachtsgebäck
Santa's Super Sleigh – Die Leute, die das Weihnachtslied schon einmal gesungen haben sollen: Die Muppets (mit Kermit, dem Frosch), Elvis Presley. Des O'Connor, Val Doonican und Cilla Black sind populäre Fernsehstars der 1960er, 1970er und 1980er, die Crankies sind ein Komiker-Duo für Kinder, Bing Crosby ist ein amerikanischer Sänger (gest. 1977), David Bowie ist ein Pop-Sänger, Zsa Zsa Gabor (geb. 1918) eine

Schauspielerin, die den Höhepunkt ihrer Karriere in den 1950ern hatte, bei Rod Hull and Emu handelt es sich um eine Comedy-Nummer mit einer Emu-Puppe, The Cunts lassen sich übersetzen als „Die Fotzen" – kein Wunder, dass dieser Satz unter den „Deleted Scenes" der Verfilmung ist. Der Sinn dieser bunten Reihe von Namen ist, zu zeigen, dass jeder, aber wirklich jeder schon mal dieses Lied aufgenommen hat – und jeder Will dafür Geld zahlen muss.
MC Hammer – ein Rapper
Paul Weller – brit. Musiker der 1970er (mit The Jam) und 1980er (mit The Style Council)
hip-hop, acid house, grunge, Madchester, indie – populäre Musikrichtungen der frühen 1990er Jahre
Time Out – Londons Stadtmagazin. www.timeout.com/london/
iD, Face, Arena, NME – Musik- und Modemagazine

Kapitel 9

Hellhound 3 und *Boilerhead – The Return* – fiktive Horror-Splatter-Filme, die Marcus vermutlich nicht hätte sehen dürfen.

Kapitel 10

–

Kapitel 11

takeaway – typisch englisches „Fast Food": Man geht zu einem Restaurant und nimmt das Essen verpackt mit nach Haus, um es dort, oft vor dem Fernseher, zu essen.
Steven Seagal – amerikanischer Schauspieler, der in Action-Filmen auftritt.
Groundhog Day (*Und täglich grüßt das Murmeltier*) – eine Komödie, in der der Held in einem sich immer wiederholenden Tag

gefangen ist und u. a. mit Selbstmordversuchen dem Ganzen zu entkommen sucht. Ein sehr witziger, aber am Ende auch nachdenklicher Film.
Gladiators – Fernsehserie, in der die Kandidaten in abenteuerlichen Wettkämpfen gegeneinander antreten.

Kapitel 12

Home and Away – eine TV-Soap-Serie
Countdown – eine TV-Gameshow
In-house-journal – ein Magazin für die Mitglieder des Vereins oder die Angestellten einer Firma
CV – curriculum vitae, der englische Begriff für Lebenslauf ist so lang, dass jeder nur die Abkürzung verwendet.
Media Guardian – eine spezielle Beilage des *Guardian* mit Berichten aus der und Anzeigen für die Welt der Medien
Arsenal – der Fußball-Club Arsenal London ist Hornbys Lieblingsclub und Gegenstand des Romans *Fever Pitch.*
brass-rubbing – speziell englische Tradition, Grabplatten aus Messing (brass) in Kirchen mit einem weichen Stift abzupausen.
in loco parentis – lateinisch für „an Stelle der Eltern"
Video arcades – Spielhallen mit Videospielen
Brent Cross – ein großes Einkaufszentrum in London; www.brentcross-london.com
Blue Peter – Kinderfernsehmagazin mit vielen interessanten Berichten: www.bbc.co.uk/cbbc/bluepeter/
Mothercare – Ladenkette für junge Eltern, spezialisiert auf (Klein-)Kinderbedarf.

Kapitel 13

Planet Hollywood – Fast-Food-Restaurant, dass mit seinem vorgeblichen Prominenten-Charme vor allem Touristen an-

lockt. An den Wänden hängen angeblich echte Requisiten aus Filmen.
Michael Jackson und Janet Jackson – sind Geschwister.
Zimbabwe – Staat in Südafrika: Man stelle sich Fionas Auftreten vor mit einem flauschigen Pullover, Leggings und afrikanischen Riesenohrringen.
Tom Cruise, Nicole Kidman – Schauspieler
Tory – so werden Mitglieder der britischen konservativen Partei genannt.
John Major – britischer Premierminister (Tory) von 1990 bis 1997
Kramer vs Kramer – Kramer gegen Kramer, berühmter Film (1979) über einen tragischen Scheidungsfall, in dem die Mutter (Meryl Streep) sich um das Sorgerecht mit ihrem Ex (Dustin Hoffmann) streitet.

Kapitel 14
Albert Einstein – deutscher Physiker (1879–1955), der auf späteren Fotos immer ein wenig unordentlich wirkt.
Mother Teresa (1910?–1997) – katholische Nonne, die in den Slums von Kalkutta für die Armen gearbeitet hat.
Florence Nightingale (1820–1910) – britische Krankenschwester, die für ihren Einsatz in den Lazaretten des Krimkrieges in den Jahren 1854–56 berühmt wurde. Aufgrund ihrer Erfahrungen dort gründete sie 1860 die weltweit erste Krankenpflegeschule in London.
Covent Garden – Londoner Stadtteil für nette Abendaktivitäten
Holloway – ein Teil des Stadtbezirks Islington, in dem alle Beteiligten wohnen.
Knocking on Heaven's Door – Song von Bob Dylan
Fire and Rain – Song von James Taylor, ein Lied über das Verlassensein

Both Sides Now – Song von Joni Mitchell, vgl. Kap. 5.2 dieses Bandes
Roll out the Barrel – eine Polka, die auf Deutsch unter dem Titel *Rosamunde* bekannt ist.
Pet Shop Boys – eine Popgruppe der 1980er und 1990er
Prisoner: Cell Block H – eine Gefängnisserie
James Ellroy novel – amerikanischer Krimi-Autor, bekannt u. a. für *L. A. Confidential.*

Kapitel 15
Double Indemnity – großartiger Film aus dem Jahr 1949, Regie Billy Wilder, Drehbuch Raymond Chandler, über eine Mordgeschichte mit Versicherungsbetrug
The Big Sleep – großartiger Film aus dem Jahre 1946, mit Humphrey Bogart als Privatdetektiv Philipp Marlowe
Iggy Pop – amerikanischer Musiker der 1970er Jahre, der auch in den 80ern und frühen 90ern noch einigen Erfolg hatte, berühmt für absurde Auftritte.
Charlie Parker – Jazz-Legende, Saxophonist, erfolgreich in den 1940ern, gestorben 1955.
Chet Baker – Jazz-Legende, Trompeter, erfolgreich in den 1950ern, gestorben 1988.
Neighbours – australische Seifenoper über die Leute in einer Straße

Kapitel 16
Steve Martin – amerikanischer Filmkomiker
The Bill – Fernsehshow
Joe Strummer – Ex-Frontmann der Punkband The Clash
Curtis Mayfield – einflussreicher Soul-Sänger, gestorben 1999
National Service – Wehrdienst

Kapitel 17

Cowabunga – ein Wort, das aus der Surfer-Szene der 1960er Jahre stammt und die Begeisterung beschreibt, auf den Wellen zu reiten. Das Krümelmonster der *Sesamstraße*, Snoopy aus den *Peanuts* und Bart Simpson aus der Serie *Die Simpsons* benutzen es als Ausdruck der Begeisterung.

Kapitel 18

Angel station – U-Bahn-Station in Nordlondon in der Nähe von Wills Wohnort
scholarship – Stipendium, Unterstützung, um studieren zu können.
binges – Besäufnisse
Spirograph – Mal- und Zeichengerät für Kinder: www.mathematische-basteleien.de/spirograph.htm
Batmobile – das Auto des Comic-Helden Batman
Blood on the tracks – Bob Dylan-Album aus dem Jahre 1975
tannoy – Lautsprechersystem in einem Laden
Ghost of Christmas past – ein Verweis auf Charles Dickens' *Christmas Carol*, in dem der geizige Ebenezer Scrooge in der Weihnachtsnacht von drei Geistern besucht wird, die ihm den Weg zur Verbesserung seines Charakters zeigen. Der Geist der Vergangenheit zeigt Scrooge seine Jugend.
National Health (System) – das staatliche britische Gesundheitswesen
M11 – Autobahn von London nach Cambridge, rund 100 Kilometer
Sod's law – auch bekannt als Murphys Gesetz, dessen Kurzfassung darin besteht, dass alles, was schief gehen kann, auch irgendwann schief gehen wird.
nuclear option – Möglichkeit des Einsatzes von Atomwaffen: Hier meint Will, dass Marcus seine stärkste Waffe eingesetzt hat.
landlord – Vermieter

Kapitel 19

Kirk O'Bane – Ellie versucht Marcus hereinzulegen. Sie meint Kurt Cobain.
Manchester United – der bekannteste Fußballclub in Großbritannien. www.manutd.com
truant – Schulschwänzer
Holloway Road – Hauptverkehrsstraße in Islington

Kapitel 20

Waitrose – brit. Supermarktkette
Nevermind – Nirvana-Album von 1991
Bollocks – Ausruf der Verärgerung: Mist!
In Utero – Nirvana-Album vom September 1993, also nagelneu in Kapitel 20.
Pennyroyal Tea – Song Nummer 9 auf *In Utero*. Also hat Marcus rund eine halbe Stunde geklingelt.
nil – bedeutet Null bei Sportergebnissen.
comprehensive school – Gesamtschule, die vorherrschende Schulform in England

Kapitel 21

Joni – Joni Mitchell
Bob – Bob Dylan
roadie – Bühnenarbeiter
Noel Edmonds – brit. Fernsehstar

Kapitel 22

Marx Brothers – fünf amerikanische Filmkomiker der 1930er und 1940er Jahre: Deren rund 20 Slapstick-Comedy-Filme auf einmal anzusehen, schafft wohl nur jemand wie Will.

wishbone – abergläubische Spielerei, nach der derjenige einen Wunsch erfüllt bekommt, der das längere Bruchstück dieses Vogelbrustknochens bekommt.
Twister – ein Spiel, bei dem sich die Teilnehmer übereinander verrenken müssen.
do as the Romans do – genau das tun, was alle anderen auch machen.
The Secret History – Die geheime Geschichte; ein Roman von Donna Tartt, erschienen 1993, über eine College-Kleinstadt in den USA und ein Verbrechen dort.
Nick Drake – engl. Singer/Songwriter, der 26-jährig 1974 an einer Überdosis Antidepressiva starb. Ein völlig unpassendes Geschenk für Fiona.
Mr. Blobby – ein Fernsehmaskottchen: www.bbc.co.uk/cult/ilove/years/1993/toys3.shtml

Kapitel 23

pull crackers, wear hats – ein englisches Weihnachtsfest hat etwas andere Traditionen als ein deutsches: Es nähert sich in manchen Dingen einer Silvesterfeier, mit Knallfröschen und Papierhüten.
International Velvet – ein schmalziger Film (1978) über ein Mädchen, das unbedingt Reiterin werden möchte. Das, was halt Weihnachten im Fernsehen läuft.

Kapitel 24

Laura Nyro – amerikanische Sängerin, deren Album *Gonna Take a Miracle* 1971 erschien.
Bohemian – Lebenskünstler
The Rockford Files – amerik. Fernsehserie der 1970er Jahre (dt.: *Detektiv Rockford*) mit James Garner

Il ne sait quoi – frz. eigentlich „er weiß nicht was", also: ein gewisses Etwas.
cull – brutales Aussieben aus einer Gruppe, Ausdruck aus der Landwirtschaft: normalerweise für Vieh benutzt, das zum Schlachter muss.
Led Zeppelin – Rockband der 1970er Jahre mit enormem Einfluss auf die Anfänge des Heavy Metal
run-off-the-mill – wörtlich: Fabrikware, also ziemlich normal und langweilig

Kapitel 25
trifle – alkoholhaltige Süßspeise

Kapitel 26
Siouxsie & Banshees – Siouxsie war die Lead-Sängerin der Punkband Banshees (1970er und 80er Jahre).
Roadrunner – ein bunter Vogel mit schwarz-blauem Haarschopf in der Cartoon-Serie *Bugs Bunny*
Drugstore Cowboy – Film von Gus Van Sant aus dem Jahre 1989
Camden Lock – eine Schleuse in Camden, einem Stadtteil Londons
sepia – rotbraune Farbe, die uralte Fotos annehmen.
Ryan Giggs – Fußballer bei Manchester United
Michael Jordan – amerikanischer Basketballer
Pamela Anderson – vollbusige Schauspielerin, bekannt aus der Serie *Baywatch*
Super Mario – Figur aus Nintendo-Computerspielen
Tudors – Familie englischer Könige, die zwischen 1485 und 1603 regierten: Marcus kann mit all dem an der Wand nichts anfangen.

Kapitel 27

stone – britische Maßeinheit: ca. 6,35 kg. Marcus stellt sich ein 20 kg schweres, verhungerndes Kind im Schrank vor.
Young Disciplinarian – Werbung für Sadomaso-Sex: Kein Wunder, dass Marcus nicht weiß, worum es geht.

Kapitel 28

Jean-Claud(e) Van Damme – „Schauspieler", der in Kick-Box-Action-Filmen auftritt.
gerbil – Wüstenspringmaus
speccy – bebrillt (spectacles = Brillengläser)

Kapitel 29

crumpet – eine Art Pfannkuchen mit Löchern
Mission Impossible – amerikanische Fernsehserie (produziert 1966-73) in Wills Jugend, Ideengeber für die modernen Filme gleichen Titels
Peter Osgood – brit. Fußballspieler der 70er Jahre
James Dean, Marilyn Monroe, Jimi Hendrix – alle drei waren Idole ihrer Generation, die (zu?) früh starben, Dean bei einem Autounfall, die anderen beiden an einer Überdosis Schlafmittel.

Kapitel 30

Marks and Spencer – engl. Kaufhauskette
buoyant – unübersetzbares Wortspiel: Das Wort bedeutet sowohl schwimmfähig (und hängt mit „Boje" zusammen) als auch schwungvoll, mit Elan, lustig. Vgl. 2.7.4 dieses Bandes
David Cronenberg – Regisseur, bekannt für Filme wie *Die Fliege*
Wasp Factory – geschrieben von Ian Banks, das Buch handelt von einem jugendlichen Tierquäler und Mörder; in zynischem Erzählton, mit schwarzem Humor.

Oedipal – mit einem Ödipus-Komplex behaftet: Ein gesteigertes Interesse an der eigenen Mutter haben.
offender – Straftäter
NYPD Blue – Fernsehserie über die New Yorker Polizei

Kapitel 31
DIY – do it youself: heimwerkern
grouting – verfugen
King's Cross – Bahnhof in Nordlondon für Züge Richtung Norden
Open University – eine landesweite Fernuniversität, die Kurse für jedermann anbietet und die nachts Fernsehsendungen zu den Kursen zeigt: www.open.ac.uk
Fiat Uno – Kleinwagen

Kapitel 32
throwaway one-liner – improvisierter kurzer Witz
GLR – Greater London Radio
Marvin Gaye – amerikanischer Soul-Musiker, der mit Motown Records seine ersten Erfolge hatte. Seine Erfolge reichen von *I heard it through the Grapevine* 1968 bis zu *Sexual Healing* 1983. Er wurde während eines Familienstreits im April 1984 von seinem Vater erschossen, nachdem er die Monate zuvor über Selbstmord nachgedacht hatte.
Uma Thurman – amerikanische Schauspielerin
Royston – eine kleine Stadt mit Bahnhof an der Grenze von Hertfordshire und Cambridgeshire, auf etwa 2/3 der Strecke von London nach Cambridge

Kapitel 33
'I feel stupid and contagious' usw. – Die Textzeilen, die Marcus gehört hat, stammen aus *Smells Like Teen Spirit*, dem größten Erfolg der Gruppe Nirvana.

dead drugtakers – jene toten Musiker, die an Drogen gestorben waren und deren Bilder bei Will in der Wohnung hängen.
Tesco – britische Supermarktkette

Kapitel 34
Toyah Wilcox – Ellie ist 1989 geboren, benannt nach Toyah Wilcox, einer Rock-Punk-Sängerin der frühen 80er Jahre.
Diet Lilt – englische Limonadenmarke
Clash – Punk-Rock-Band (The Clash) der späten 1970er und frühen 1980er Jahre. Das erste Album erschien 1977. Will war in jenem Jahr 20.
diddums – Eltern sprechen mit ihren Kleinkindern so: „Mein armes Kind".
LA Law – amerikanische Anwaltserie

Kapitel 35
Rizlas – Zigarettenpapier für Selbstdreher

Kapitel 36
Rayban – Marke für Sonnenbrillen
Highbury – der Ort, an dem das Stadion von Arsenal steht.
Smashing Pumpkins – Alternative-Rock-Band, deren Album *Siamese Dream* von 1993 ein Standard im Bereich Alternative Rock ist.

2.6 Stil und Sprache

About a Boy im englischen Original zu lesen ist eine Freude. Nick Hornby schafft es, die Leser mit einem klaren und einfachen Stil mitzureißen. Das für einen fremdsprachigen Leser ungewöhnliche Vokabular bleibt in einem überschaubaren Rahmen. Hornbys Talent, seine Personen sich zeitgemäß ausdrücken zu lassen, birgt für den fremdsprachigen Leser aber das Problem, sich mit Mode-Ausdrücken der ersten Hälfte der 1990er Jahre konfrontiert zu sehen. Dies wird verschärft durch die zwei Lebenswelten, die hier hauptsächlich aufeinander treffen: die der Yuppies, der wohlhabenden, modebewussten Mittdreißiger, und der Teenager. Beide Bereiche haben häufig ihre eigenen Modeausdrücke. Marcus spielt dabei noch eine Sonderrolle, denn er wurde von einer linksalternativen, modisch in den späten 1970er Jahren stehen gebliebenen Mutter erzogen. Das bedeutet, dass Marcus sich im Buch nochmals anders ausdrückt, als es einem „normalen" 12-Jährigen üblich ist. Marcus' Sprache sondert ihn noch weiter von seinen Mitschülern ab. Diese Feinheiten bemerkt man als fremdsprachiger Leser jedoch leider nur zum Teil.

2.7 Interpretationsansätze

1. Alleinerziehende Mütter

Fiona und Rachel und Ellies Mutter Katrina und Suzie und Angie am Anfang – abgesehen von Wills Freunden John und Christine aus Kapitel 2 treffen wir im gesamten Buch keine stabile Partnerschaft, keine „intakte" Vater-Mutter-Kind(er)-Familie. Alle sind einsam, verlassen, oder – wie Will – beziehungsunfähig. Selbst Will trägt eine Erinnerung an eine ziemlich merkwürdige Kindheit mit sich herum.

Stabile Partnerschaften erscheinen nicht mehr möglich

Natürlich sind alle Frauen auch deshalb *single mums*, weil es ja Wills Masche ist, welche zu suchen. Aber insgesamt wird doch deutlich, dass dieses Thema viele Menschen betrifft. Ellie und Marcus sind sich sogar einig, dass es an der Schule eine sehr große Zahl von Kindern mit nur einem Elternteil gibt. Dieser Teil ist praktisch immer die Mutter – Väter verlassen die Familie.

Das erweist sich z. B. in der SPAT-Gruppe, in der sich Will als Vertreter seines Geschlechts richtig mies fühlt. Die Gruppe bietet die nötige Unterstützung und Gelegenheit, sich mal unter Gleichgesinnten auszusprechen. Aber keine dieser Single-Frauen ist dabei offensichtlich glücklich: Fiona auf keinen Fall, Suzie nicht wirklich, Angie am Anfang auch nicht, und auch Katrina macht keinen sonderlich gefestigten Eindruck – aber die Silvesterfeier muss auch nicht unbedingt eine faire Gelegenheit für die Schilderung Karinas gewesen sein. Allein Rachel scheint soweit in Ordnung zu sein, was sie aber nicht daran hindert, trotzdem nach Männern Ausschau zu halten und sich in Will zu verlieben. Auf der einen Seite also haben wir das – für den Fortgang der Handlung notwendige! – Be-

streben der Frauen, doch wieder Männer in ihr Leben zu bekommen.
Auf der anderen Seite steht Marcus, der in Kapitel 35 mit seinem Vater über die Frage diskutiert, ob Väter notwendig sind: Marcus meint, sie seien es nicht, eine Hand voll Leute würden ausreichen, die auch den Job eines Vaters machen könnten, seine Rolle ausfüllen könnten. Marcus glaubt nicht, dass Paarbeziehungen die Zukunft sind, und ist bestrebt, eine ganze Reihe von Leuten um sich herum zu versammeln, die ihm helfen können. Dieses Bestreben wird im Buch immer wieder mit der Menschenpyramide verglichen und im Film in der schönen Schlussszene der Weihnachtsfeier aufgegriffen.
Zwischen diesen beiden Polen – der Suche nach männlicher Ergänzung einer als defekt empfundenen Restfamilie einerseits und der Suche nach alternativen Lebensformen andererseits – bewegt sich die Handlung des Buches, bewegen sich Will, Fiona, Marcus, Suzie, Rachel und die anderen.
Hornby interessiert sich nicht wirklich für das gesellschaftliche Problem hoher Scheidungsraten. Er kann sich auch nicht entscheiden, ob *single mums* nun einen neuen Mann oder eine Selbsterfahrungsgruppe brauchen. Das kann man ihm vorwerfen, dass er hier nicht deutlicher Stellung bezieht. Aber das muss er auch nicht: Er schreibt einen Roman nicht *About a Single Mum*, sondern über Will und Marcus. Und für deren Geschichte liefern die *single mums* einen tragischen, oft auch tragikomischen Hintergrund.

2. Ellie und Marcus – (k)ein Paar?

Nick Hornby vermeidet einfache Klischee-Lösungen. Genauso, wie es so schön einfach gewesen wäre, hätte er Will und Fiona als (zukünftiges) Paar konzipiert, wäre es auch (zu) einfach gewesen, Ellie und Marcus auf Dauer zusammenzubringen. Zwischen beiden überhaupt im Laufe der Geschichte eine Freundschaft entstehen zu lassen, war ein sehr gute Idee. Und es zeugt von einem feinen Gespür für Realitätssinn, dass er am Ende Marcus einsehen lässt, dass er und Ellie nie ein „Paar" werden.

Am Anfang ist Marcus sehr interessiert an Ellie: Er verliebt sich ein wenig in sie, so wie man das mit 12 Jahren kann, zum ersten Mal im Leben. Sie ist der erste Mensch in London, neben Will, mit dem Marcus sich wirklich unterhält. Er ist fasziniert von ihrem (zur Schau getragenen) Selbstbewusstsein, von der Tatsache, dass und wie sie ihn verteidigt. Sie ist die erste weibliche Person, der er wirklich vertrauen kann.

Marcus erkennt die Grenzen der Freundschaft

Aber auf der Fahrt nach Cambridge (Kap. 31 und 33) erkennt Marcus, dass es mit ihr nichts werden kann. Sie ist zu schwierig, zu stark, zu laut, zu anders für ihn. Sie ist ihm auch peinlich. Er lernt sie besser kennen in der Unterhaltung im Zug, einem Ort, an dem sich Ellie ganz frei fühlt, weit weg von den Lehrern, vor denen sie ja auch eine Rolle zu spielen hat. Hier muss Marcus erkennen, dass sie in manchem sehr seltsam ist. Ihre Verehrung für Kurt Cobain lässt ihn kalt, ihr Wunsch sich umzubringen stößt ihn ab. Marcus hat Angst, dass die bereits angetrunkene Ellie endgültig die Kontrolle über sich verlieren könnte. Als sie in Royston das Schaufenster zerschlägt, steht sie für Marcus auf der anderen Seite einer tiefen Kluft: Marcus erkennt all das Trennende zwischen ihnen und gibt seine ehemals romantischen Ideen ganz auf. Marcus erkennt, dass er eine ruhigere Person braucht, nicht ganz so wild und ausgeflippt wie Ellie, die einige seiner Interessen teilt und sich nicht unbedingt umbringen will wegen eines Rockstars. Vielleicht wird er eines Tages bemerken, dass die drei Jahre ältere Ellie ihn manchmal in der Schule wie ein „Haustier", wie einen Hofnarren behandelt, über den sie Witze gemacht hat, die Marcus selbst aber nur selten begriffen hat. Sie hat ihn selten wirklich ernst genommen. Marcus ist an ihrer Freundschaft gewachsen, hat sich daran emporentwickelt, Ellie hat ihm gezeigt, wie man anders, aber stark sein kann, aber auf Dauer haben die beiden keine Chance, ihre Freundschaft weiterzuentwickeln.

3. Der *Dead Duck Day* – *About a Boy* als Geschichte vom Erwachsenwerden

Der Begriff der „Initiationsgeschichte" wird in der Literaturkritik benutzt, um eine bestimmte Art von Erzählung zu beschreiben. Der Begriff „Initiation" stammt aus der Anthropologie, wo er die Einführung junger Menschen in die Erwachsenengemeinschaft bezeichnet, was bei vielen Völkern durch bestimmte Rituale markiert wird. Der Begriff kann auch für den Roman *About a Boy* benutzt werden, da bestimmte Charakteristika und Interpretationsmöglichkeiten auch hier vorhanden sind.

Initiationsgeschichte

Eine Definition der Initiationsgeschichte kann etwa darin bestehen, dass Kinder und Jugendliche mit ihnen bis jetzt unbekannten Problemen konfrontiert werden. Durch irgendein erschütterndes Erlebnis werden sie – oft recht unsanft – auf dem Weg der eigenen Ich-Findung ein Stück vorangeschoben. Diese unbekannten Probleme sind meist in den Bereichen des Todes, der Sexualität oder des Religiös-Heiligen zu finden. Wichtig erscheint dabei, dass den jugendlichen Protagonisten der Geschichte diese Änderungen auch bewusst werden, ein verändertes und vertieftes Selbstverständnis tatsächlich sichtbar wird.

Beim Lesen dieser Zeilen wird offensichtlich, dass diese Begriffe auch auf Marcus angewandt werden können. Es ist in den ersten Kapiteln des Buches deutlich erkennbar, dass Marcus als verschüchterter Sonderling, behütet aufgewachsen, keine Ahnung vom Leben um ihn herum hat. Seine Versuche, in den ersten Kapiteln irgendwie die Initiative zu ergreifen, zeigen ihn uns als kindlich und unerfahren. Es sind die Ereignisse des *Dead Duck Day* in den Kapiteln 8 bis 10, die ihn verändern.
(Kap. 8:) An jenem Tag gehen Will, Marcus, Suzie und deren Baby Megan zu einem Picknick der SPAT-Gruppe in den Regent's-Park im Herzen Londons. Fiona hat Marcus mit ihrer Freundin Suzie geschickt, um mal allein zu sein. Es ist der erste Kontakt von Marcus und Will. Während Will versucht, mit Suzie zu flirten, langweilt sich Marcus. Sogar auf dem Picknick ist er ein Außenseiter. Er wirft aus Frust Reste der Sandwiches den Enten hin, trifft eine dabei am Kopf und tötet sie, was ihn durchaus schockiert. (Kap. 9:) Will muss Marcus gegenüber einem Parkwächter verteidigen. Nach dem Ende des Picknicks bringen Will und Suzie Marcus zurück nach Hause und finden dort die bewusstlos im eigenen Erbrochenen liegende Fiona, die versucht hat, sich mit einer Überdosis Pillen das Leben zu nehmen. (Kap 10:) Nach einigen hektischen Minuten fährt Suzie mit Fiona im Krankenwagen ins Krankenhaus und Will, Marcus und Megan folgen in Wills Wagen. Im Krankenhaus versucht Suzie Marcus zu trösten, aber der will davon nichts wissen. Weil Fiona die Nacht im Krankenhaus verbringen muss, übernachtet Marcus bei Suzie. Am nächsten Tag (Kap. 11) geht er allein nach Haus und findet dort den Abschiedsbrief seiner Mutter, der ihn tief verletzt und verärgert.

Der *Dead Duck Day* ist ein Wendepunkt in Marcus' Leben. Nie zuvor war er so nah am Tode. Er weiß jetzt, was der Tod ist (oder sein kann) und wie schnell er kommen kann. Das hinterlässt Spuren: Will sieht ihn als 'the world's oldest twelve-year-old' in Kapitel 10.

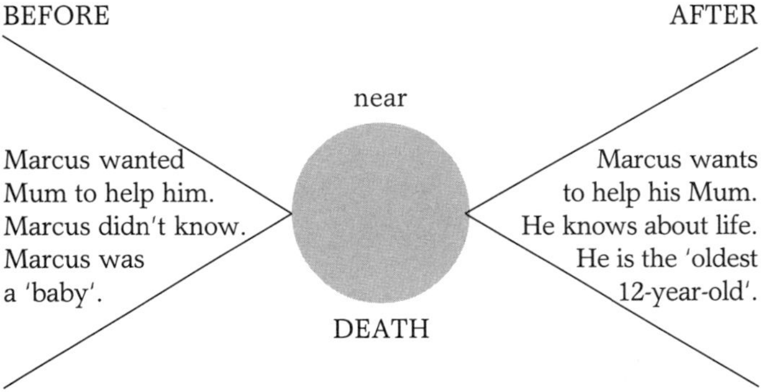

Eigentlich ist eine solche Nahtod-Erfahrung der Eintritt ins Erwachsenenleben. Doch Hornby lässt das Ergebnis des *Dead Duck Day* kippen: Es war ihm ja gar nicht darum gegangen, Marcus endlich erwachsen werden zu lassen. Zum einen hat Marcus das irgendwie gar nicht nötig, da er in seiner „Uncoolness" sowieso schon wie ein Erwachsener wirkt. Zum anderen liegt heute in unserer Gesellschaft zwischen Kind und Erwachsenem das Jugendalter und das ist es, in das Marcus hineingebracht werden muss. Will bemerkt am Ende von Kapitel 20, dass Marcus keine Hilfe braucht beim Erwachsenwerden, sondern Hilfe, ein normaler Teenager zu werden. Und so wird für Marcus der Rest des Buches eine

Einführung in die Gedankenwelt und Rituale nicht der Erwachsenen, sondern der gleichaltrigen Jugendlichen. Dass diese Einführung trotz allem Hin und Her am Ende gelingt, zeigt sich in den letzten Zeilen des Buches: Marcus hat es geschafft, sich vom Musikgeschmack seiner Mutter loszusagen. Er schafft es erstmals, laut und deutlich zu sagen, dass er Joni Mitchell nicht leiden kann. (Das Ende des Films läuft in eine ganz andere Richtung, was in Kap. 5.1.2 dieses Bandes besprochen wird.)
Will hingegen lässt der *Dead Duck Day* weitgehend kalt. Er findet den Tag 'quite interesting', da er es hier mit dem wahren Leben zu tun hat. Er ist als Beobachter erschienen und als solcher wieder gegangen. Er hofft, von da an möglichst wenig mit diesen Irren zu tun zu haben.

4. Die Schwimm-Metapher in Kapitel 30

In diesem Abschnitt beschreibt Will sehr deutlich die Probleme, die er mittlerweile mit seinem Leben hat. Will steht eigentlich immer am Rand des Scheiterns, weil er so ganz allein ist, ohne jede echte Beziehung zu anderen Menschen. Ohne Freunde, Verwandte, Liebe oder Haustiere gibt es nichts, was ihn am Verschwinden hindern könnte. Es geht für Will darum, 'the point' zu finden, jenen Sinn und Zweck, jenes Ziel im Leben, jenen Grund, es nicht von jetzt auf gleich zu beenden. Will sieht ihn nicht – er sah ihn nie, aber er hat sich immer bemüht, trotzdem nicht unterzugehen im Ozean des Lebens. Und da er allein ist, schwimmt er auch – einigermaßen. Da er sich selbst kaum halten kann, kann er auch nicht als „Rettungsschwimmer" aktiv werden und sich um andere depressive Leute kümmern, die unterzugehen drohen.

Fiona indessen, so Will, sieht den „Punkt" nicht und droht unterzugehen oder sich an Will zu klammern: Er hat allerdings nicht genug Kraft, um sie und letztlich auch ihn selbst am Abtauchen zu hindern. Beide würden untergehen.
Rachel hingegen ist eine Boje für Will, ein Schwimm- und Auftriebskörper, der ihn wie ein Rettungsring vorm Abtauchen bewahrt. Dabei betreibt Nick Hornby ein unübersetzbares Wortspiel mit dem Wort 'buoy', das Boje bedeutet, und 'buoyant', was zum einen schwimmfähig oder schwimmend bedeutet, zum anderen bei Personen auch heiter und schwungvoll bedeuten kann. Rachel ist für Will in der Metapher das eine, im realen Leben das andere.

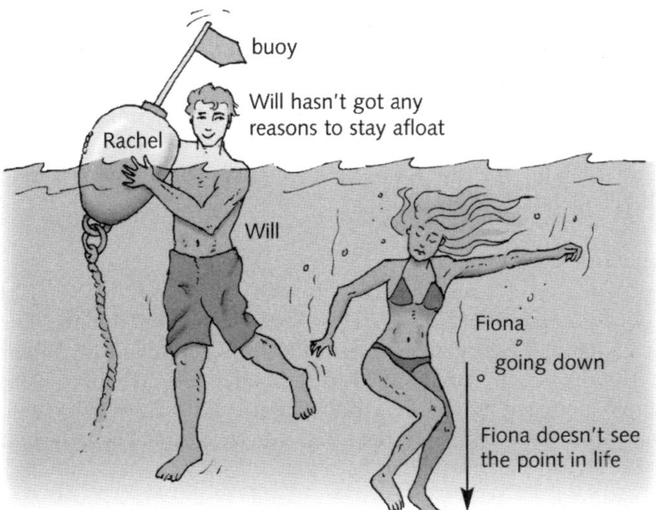

5. Vergleich Buch – Film *About a Boy*

Die Rolle des Will Freeman ist nicht für Hugh Grant geschrieben worden – aber es hätte so sein können. Hugh Grant spielt genau das, wofür ihn Kritiker und Ex-Freundinnen seit langem halten: einen oberflächlichen, beziehungsunfähigen Langweiler. Es ist sein erster Kinoerfolg, in dem er nicht einen netten, freundlichen leicht vertrottelten Engländer vom Typ „Lieblingsschwiegersohn" spielt wie etwa in *Vier Hochzeiten und ein Todesfall*, *Notting Hill* oder *Tatsächlich Liebe*. In seiner Nebenrolle im ersten Teil von *Bridget Jones* – ein unsympathischer Frauenvernascher – hat er sich offensichtlich für Will Freeman warm gelaufen.
Will Freeman ist bei Hugh Grant zwar durchaus auch nett, aber eben auch leer. Grants Leistung besteht darin, Will als einen Mann auf dem Weg überzeugend zu spielen. Er schafft es, Aspekte der Hoffnung auf eine Veränderung zum Besseren bei Will in seine Darstellung einzuarbeiten.
Marcus wird von einem bislang unbekannten jungen Schauspieler namens Nicholas Hoult gespielt. Der legt dafür, dass er den größten Teil des Films den Deppen spielen muss, eine überzeugende Leistung hin.

Nirvana und Ellie

Der wichtigste Unterschied zwischen Film und Buch ergibt sich aus seiner Datierung. Das Buch ist genau datiert: Die Geschichte passiert im Sommer 1993 und endet im Frühjahr 1994, kurz nach dem Tode Kurt Cobains. Die Handlung des Films hingegen ist in eine undefinierte Gegenwart versetzt. Dies allerdings bedeutet, dass alle Hinweise auf Nirvana und Cobain gestrichen wurden.

Alle Hinweise auf Nirvana wurden gestrichen

Die eine Deutung ist, dass die Produzenten die Verlegung wünschten (was sie im *Making-Of* der DVD behaupten), die andere, dass sie die Filmrechte an der Nirvana-Musik nicht bekamen und so notgedrungen streichen mussten. Der Effekt ist der gleiche: Das gesamte Schlussdrittel des Films muss anders als im Buch gestaltet werden. Der Film braucht einen neuen Schluss.

Die Lücke, die Nirvana hinterlässt, wir eher mühsam mit Rap-Musik gefüllt, ohne dass ein persönliches Verhältnis irgendeiner der Hauptpersonen zur Musik deutlich würde.

Ellies Rolle wurde deutlich beschnitten

Leider fällt dabei natürlich auch Ellie der Schere zum Opfer. Die Beziehung von Ellie und Marcus im Film bleibt verglichen mit der im Buch nur oberflächlich. Im Buch ist es Nirvana, was sie vereint, im Film ist sie nur in ein paar Szenen zu sehen (und in den *Deleted Scenes* auf der DVD). Im Film wird nicht recht deutlich, was Marcus und Ellie eigentlich verbindet. Es gibt keinen Grund für Ellie, sich mit Marcus abzugeben. Wir erfahren noch nicht einmal, welche Musik Ellie nun hört. Es bleibt bei einem amüsierten Verhältnis wie zwischen großer Schwester und kleinem Bruder, und bisweilen hat man den Eindruck, dass sich die Herrin der Clique noch einen Hofnarren hält. Im Buch entwickelt sich dies zu den ernsten Auseinandersetzungen auf der Fahrt nach Cambridge, die im Film fehlen. Der neue Schluss mit Marcus' und Wills Auftritt auf dem Schulkonzert reduziert natürlich auch Ellies Rolle weiter, da sie am Schluss Marcus nur noch beklatschen darf. Sie hinterlässt im Film eine schmerzliche Lücke, die umso mehr auffällt, als sie es war, die Marcus' Entwicklung angestoßen und begleitet hat.

Dem großen Umbau fällt auch Ellies Mutter zum Opfer, die im Buch als weitere Alleinerziehende auftritt.

Das Ende in Buch und Film

Das Ende des Buches zeigt Marcus, wie er sich von seiner Mutter emanzipiert und das übliche Teenager-Verhalten an den Tag legt: Er mosert über den Musikgeschmack seiner Mutter. Am Ende seiner Reise ist Marcus also in der Normalität der Teenager angekommen. Der Film jedoch liefert ein ganz anderes Ende. Marcus singt allein (!) vor der Schulgemeinde (!) das im Buch bereits genannte Lied *Killing me softly* von Roberta Flack (!). Er tut dies, um seiner Mutter zu zeigen, dass er sie lieb hat. Will hat Recht, wenn er dies im Film als „gesellschaftlichen Selbstmord" bezeichnet. (Will kommt ihm dabei zur Hilfe und singt selbst mit geschlossenen Augen, was er in Kap. 14 als ziemlich unmöglich bezeichnet hatte. So hat Hugh Grant noch einen amüsant-peinlichen Auftritt.)

Hier ist nichts normal, hier ist nichts angepasst. Marcus bewegt sich nicht auf das übliche Teenager-Verhalten zu, sondern demontiert sich selbst vor allen Leuten, indem er sein Anders-Sein nochmals deutlich in Szene setzt. Wenn es bis dahin unter seinen Klassenkameraden noch Zweifel gegeben haben mag, jetzt sind sie ausgeräumt: Marcus ist ein Vollidiot.

Der Applaus des Publikums im Film kommt aus einer Ecke, in der man eine hohe intellektuelle Leistung annehmen muss: Leute wie Ellie beklatschen Marcus nicht, weil sie ihn gut finden, sondern weil sie erkennen, dass Marcus sich nach wie vor weigert, so zu sein wie alle anderen. Und da das natürlich das ist, was z. B. auch Ellie versucht, beklatscht sie nicht sein Lied, sondern seinen Mut, sich selbst vor allen anderen zum Affen zu machen, seinen Mut, anders zu sein. Das ist ein Verhalten, dass Jugendliche nur relativ selten tatsächlich an den Tag legen.

Die Schlussszene des Films aber zeigt Marcus verändert, als normalen Teenager bei Wills Weihnachtsfeier. Mit Ellie und Ali hat er sich angefreundet, und alle anderen um ihn herum haben auch gute Laune. Marcus steht hier innerhalb einer Gruppe, doch bleibt der Film uns eine Erklärung für sein Verhalten schuldig. Kaum etwas in der Schlusshälfte des Films motiviert die Veränderungen, die Marcus in der letzten Szene zeigt. Doch halt: Da ist eine Szene, aber diese ist so merkwürdig, dass sie den gesamten Sinn des Buches auf den Kopf stellt. Nach dem Konzert gehen Marcus und seine Mutter hinaus, und seine Mutter (!) schlägt vor, zu McDonald's (!) zu gehen. Jetzt oder wann immer Marcus mag. Sollen wir ernsthaft glauben, dass Fiona beim Schulkonzert erkannt hat, dass ihre Erziehungsprinzipien falsch waren? Sollen wir ernsthaft glauben, dass eine Änderung im Verhalten seiner Mutter Marcus zu einem normalen Teenager macht? Im Buch „emanzipiert" sich Marcus selbst, im Film geschieht dies nicht.

unmotivierte Schlussszene im Film

6. Verlängerte Jugend

Die Populärkultur der westlichen Welt hat sich einem Jugendwahn hingegeben.

Jugendlich frisch zu sein, ist das Ziel beinahe aller Menschen geworden. Wenn es vor Jahrzehnten üblich war, möglichst schnell erwachsen zu werden, um die unübersichtliche Zwischenphase der Jugend hinter sich zu lassen, ist es heute anders. Zwar wollen auch die Kinder schnell groß werden – aber das heißt eigentlich, sich idealerweise 15 Jahre zwischen 15 und 20 zu befinden. Erwachsenwerden heißt arbeiten, heißt Verantwortung übernehmen, eigene Kinder haben. All dies aber wird

Jugendwahn

heute soweit es geht nach hinten geschoben. Gerade für Studenten bleibt es bei einem vergleichsweise verantwortungsfreien Leben bis knapp an die 30 heran: Geld ausgeben, Musik, abends ausgehen, Kino. Aber auch die bemitleidenswerten Menschen, die ihre Jugend nicht bis 30 verlängern können, sondern nach der Schule arbeiten müssen, verhalten und kleiden sich so, als seien sie noch immer 17.
Will in *About a Boy* ist ein eklatantes Beispiel für dieses Leben. Mit dem Kunstgriff seiner Einkünfte durch das Weihnachtslied seines Vaters kann Will sich ein Leben erlauben, das vielen Jugendlichen als das eigentliche erscheint: Das wahre Leben besteht für Will darin, alles Echte, Wahre, alles Vernünftige von sich fern zu halten. Und hätte er nicht Rachel getroffen, er hätte es bis zu seinem Tode weiter betrieben.

3. Themen und Aufgaben

Die Lösungstipps verweisen auf die Seiten der vorliegenden Erläuterung.

	Lösungstipp:
▶ Zeigen Sie die Entwicklung von Marcus im Verlauf des Romans auf.	S. 38
▶ Zeigen Sie die Entwicklung von Will im Verlauf des Romans auf.	S. 35
▶ Zeigen Sie die Entwicklung von Fiona im Verlauf des Romans auf.	S. 39
▶ Charakterisieren Sie Marcus' Sprache.	S. 61
▶ Charakterisieren Sie Ellies Sprache.	S. 61, 42
▶ Zeigen Sie die Unterschiede in der Sprache zwischen Marcus und Ellie auf.	S. 63
▶ Zeigen Sie Fionas Erziehungsprinzipien (z. B. in Kapitel 17) auf.	S. 39, 26
▶ Zeigen Sie Marcus' Ideen von Liebe und Familie in der ersten Hälfte des Buches (z. B. Kapitel 13) auf.	S. 24
▶ Zeigen Sie die Bedeutung Rachels für Will auf.	S. 42, 68

Lösungstipp:

- Inwieweit ist Rachel anders als die anderen Frauen in Wills Leben? S. 43
- Welche Bedeutung hat Ali für Marcus? S. 44
- Vergleichen Sie die Unterhaltungen beim Essen zwischen Fiona und Will in Kapitel 13 und Kapitel 32. S. 24, 31
- Diskutieren Sie die Bedeutung von Ellie für die Geschichte. S. 70
- Erklären Sie, warum Marcus Ellie am Ende nicht mehr als *girlfriend* haben möchte. S. 63, 42
- Das Akronym SPAT – ist es ein Zufall, dass dieses Wort „ausgespuckt" heißt?
- Diskutieren Sie die Bedeutung des *Dead Duck Day* für Marcus' Leben. S. 65
- Ist Will eine „Vater-Figur" für Marcus? S. 35, 25, 26
- Informieren Sie sich über Kurt Cobain und den Musikstil *Grunge*. Hören Sie sich das *Nevermind*-Album an. Diskutieren Sie die Bedeutung von Nirvana für die Geschichte. Erklären Sie damit die Person der Ellie. S. 84

Lösungstipp:

- Inwieweit mag der Nirvana-Song *About a Girl* Inspiration für das Buch gewesen sein? — S. 86

- Informieren Sie sich über Joni Mitchell und ihre Musik. Hören Sie sich ihr Lied *Both Sides Now* an. Nutzen Sie diese Erkenntnisse, um Fiona besser zu erklären. — S. 81

- Wird Marcus für immer der Außenseiter bleiben? — S. 32, 72

- Diskutieren Sie die letzten zwei Sätze des Buches. — S. 32, 72

- Wird Marcus jetzt ein angepasster Teenager? — S. 32, 72

- *No man is an island, entire of itself; every man is a piece of the continent, a part of the main.* Erklären Sie mit Bezügen zum Buch die Bedeutung dieses Satzes von John Donne.

- Zeigen Sie auf, wie Hornby Kleidung und Wohnungseinrichtungen nutzt, um Menschen zu charakterisieren. — S. 25, 39, 42, 43

- Hornby ist vorgeworfen worden, keine überzeugenden Frauen schildern zu können. Trifft dies für *About a Boy* zu? — S. 42

Aufgaben zum Film:

Lösungstipp:

- Der Verzicht auf Nirvana und den Tod Kurt Cobains – Zeigen Sie die Auswirkungen in der Verfilmung auf. — S. 70, 72
- Was wird aus Ellie im Film? — S. 70
- Sind die Rollen so besetzt, wie Sie sie sich vorgestellt haben? Ist vor allem Marcus so besetzt, wie Sie ihn sich vorgestellt haben?
- Vergleichen Sie das Ende beider Versionen: Ist das Schulkonzert ein guter Ersatz für die Nacht auf der Polizeistation? Oder steht Marcus im Film am Ende anders da als im Buch? — S. 72
- Zeigen Sie die Veränderung von Marcus im Film im Vergleich zum Buch auf. — S. 72
- Der Film wird als oberflächlicher und freundlicher als das Buch beschrieben. Stimmen Sie zu?
- Die *Deleted Scenes* auf der DVD – Sind sie zu Recht geschnitten? — u. a. S. 50

4. Rezeptionsgeschichte

Im Allgemeinen bekam das Buch seit seinem Erscheinen 1998 positive Kritiken. Seine Charakterzeichnung wurde als sorgfältig und durchdacht gelobt. In seinem Werk sei eine Herzenswärme zu finden, die ihn von anderen Autoren seiner Generation abhebe. Der Roman wurde schnell ein Bestseller in Großbritannien und den USA und auch in Deutschland wurde er ein Erfolg. Die Verfilmung von 2002 hat diesen Erfolg bestätigt und weiter vertieft.

Kritikerurteile

Eine ganze Reihe Kritiker wies allerdings darauf hin, dass Hornby mit seinem dritten Roman auch den dritten Roman über einen nervtötenden Chauvi Mitte Dreißig mit weichem Kern geschrieben habe. Es seien Wills Besessenheiten, die ihn mit den Hauptpersonen der ersten beiden Romane verbänden - sei es nun Sport, Fernsehen, Musik oder Popkultur im Allgemeinen. Andere Kritiker haben herausgestellt, dass der Prozess der Selbstaufgabe und Selbstfindung in diesem Roman durch die Überschneidung der Lebenslinien von Will und Marcus deutlicher gezeigt werde als in seinen ersten Romanen. Das Erstaunliche an Hornbys Roman sei, dass *About a Boy* ohne den „großen Zwischenfall" auskomme - wenn man einmal von Fionas Selbstmordversuch absehe. Die Leute im Buch versuchten nur, mit ihrem Leben klar zu kommen. Einer wie die andere gingen sie weiter, Tag für Tag, mit den kleinen Höhen und Tiefen des Alltags um. Wie Hornby das erzähle und wie Will aus diesem Alltag heraus an persönlicher Reife gewinne, das sei das Thema des Romans.

Auf einen besonderen Aspekt einer möglichen, zukünftigen Rezeptionsgeschichte weist Manuela Jahrmärker bei WORTLAUT.de [gesehen im Frühjahr 2005] hin:

„Einen gewissen Unterhaltungswert – im Sinne von Zeitvertreib – mag das Buch haben [...]. Von Popularwerken wie diesen wird der Historiker [...] am Ende des 21. Jahrhunderts erfahren können, was 100 Jahre zuvor Mode war. Wie sich die Jüngeren gaben, welche Musik, welche Fernsehsendungen der sich modern gebende Mensch am Ende der 90er Jahre sich anhörte und ansah, welche Nöte eine Kleidung, die nicht ›in‹ war, einen Jugendlichen in der Schule bringen konnte und wie einige unserer Zeitgenossen anscheinend täglich und laufend sprechen [...]"

5. Materialien

5.1 Joni Mitchell und ihr Song *Both Sides Now*

Joni Mitchell (* 7. 11. 1943 in Kanada) wurde bekannt als Sängerin und Songschreiberin. Sie spielte ab den 60er Jahren in den Folk-Clubs von Detroit und New York. 1968 veröffentlichte sie ein erstes Album. 1969 schrieb sie mit *Woodstock* die Hymne des legendären Festivals, obwohl sie selbst gar nicht anwesend war.
Auf weiteren LPs beschrieb Joni Mitchell die Befindlichkeit der amerikanischen Künstler- und Hippiekultur zu Beginn der 70er Jahre. Mitte der 70er Jahre wandte sich Mitchell jazzverwandten Arrangements zu, in den 80ern eher der Rockmusik. Ihr Album *Both Sides Now* aus dem Jahre 2000 enthält viele Jazz-Standards in einem orchestralen Big-Band-Sound, ihr Album *Travelogue* aus dem Jahre 2002 soll ihr letztes gewesen sein.

Der Song *Both Sides Now*, den Joni Mitchell als Fünfundzwanzigjährige schrieb, wurde in der Version von Judy Collins bereits 1968 ein Hit. Es erschien 1969 auf Mitchells Album *Clouds*. Ihr Song handelt von der Tatsache, dass die Dinge immer zwei Seiten haben, aber dass sie von der jeweils anderen Seite - zunächst von den Wolken, dann von der Liebe, dann vom Leben - enttäuscht sei. Die volle Wahrheit bleibt ihr - und uns - letztlich verborgen.
Es ist ein nachdenkliches Lied, ein grüblerisches Lied, und als solches genau passend für Fiona. Sie hat auf der einen Seite beide Seiten bereits gesehen und ist dementsprechend enttäuscht vom Leben und der Liebe. Auf der anderen macht sie

sich, vor allem im Vergleich zu Will, recht viele Gedanken über das Leben.
Weblink: www.jonimitchell.com

5.1.1
BOTH SIDES NOW

Text/Musik: Joni Mitchell

"Rows and flows of angel hair and ice cream castles in the air
And feather canyons ev'rywhere: I've looked at clouds that way.
But now they only block the sun, they rain and snow on ev'ryone
So many things I would have done, but clouds got in my way.

I've looked at clouds from both sides now
From up and down, and still somehow.
It's cloud illusions I recall
I really don't know clouds at all.

Moons and Junes and ferris wheels, the dizzy dancing way you feel
As ev'ry fairy tale comes real, I've looked at love that way.
But now it's just another show, you leave 'em laughing when you go.
And if you care, don't let them know, don't give yourself away.

I've looked at love from both sides now
From give and take, and still somehow.
It's love's illusions I recall
I really don't know love at all.

Tears and fears and feeling proud to say 'I love you' right out loud
Dreams and schemes and circus crowds: I've looked at life that way.
But now old friends are acting strange, they shake their heads, they say I've changed
Well something's lost, but something's gained, in living ev'ry day.

I've looked at life from both sides now
From win and lose and still somehow.
It's life's illusions I recall
I really don't know life at all.

I've looked at life from both sides now
From up and dawn, and still somehow.
It's life's illusions I recall
I really don't know life at all."

Worterklärungen: *ferris wheel* (AE) – Riesenrad auf dem Rummelplatz; *dizzy* – schwindelig; *scheme* – (geheimer) Plan

5.2 Kurt Cobain, Nirvana und das *Nevermind*-Album

Angehörige einer Generation zeichnen sich dadurch aus, dass sie gemeinsame Erinnerungen teilen. Erschütternde Erlebnisse gehören dazu genauso wie Erinnerungen an gemeinsam gehörte Musik. Joni Mitchell drückte für die Woodstock-Hippie-Generation der in den 1970ern jung Gewesenen die Musik einer Generation aus. Für eine ganze Generation der Jugendlichen Anfang der 1990er, die sich über die gemeinsam gehörte Musik definierte, war der Tod von Kurt Cobain am 5. April 1994 ein einschneidendes Ereignis.

Das Besondere an *About a Boy* ist, dass Hornby es schafft, die Bedeutung Cobains für diese Generation in seinem Buch deutlich zu machen und seinen Roman mit dem Todestag Cobains auch seinen Höhepunkt erreichen zu lassen. Es ist nicht einfach eine Geschichte, die halt im Winter 93/94 spielt, nein, es ist eine Geschichte, die nur im Winter 93/94 so spielen konnte. Die Hinweise auf die Jugend- und Popkultur jener Zeit sind nicht schmückendes Beiwerk, sondern wichtiger und zentraler Bestandteil des Romans – wie wichtig, sieht man daran, dass der Verzicht auf Nirvana im Film große Umbauten in der Handlung nach sich zieht.

Ende der 80er Jahre entwickelte sich in Seattle, USA, eine Musikszene, deren Stil noch weit in das nächste Jahrzehnt hineinragen sollte. Bands wie Soundgarden, Alice In Chains, Pearl Jam und eben Nirvana gehörten dazu.

Seine Wirkung entfachte dieser Musikstil aber vor allem durch eine Musikindustrie, die nach dem 80er-Jahre-Pop etwas Neues suchte – und dies dann prompt zu Tode vermarktete. Dabei wurde der Begriff *Grunge* benutzt, um verschiedene

Bands zusammenzufassen und ihnen ein vermarktbares Erkennungszeichen zu geben. Ihnen gemein war eine z. T. fehlende technische und musikalische Fertigkeit, die durch Intensität und Enthusiasmus wettgemacht wurde. Kurt Cobain und Nirvana wurden zu den bekanntesten Vertretern des *Grunge*, der mit Cobains Tod im April 1994 letztlich sein Ende gefunden hat.
Berühmt und massenmarkttauglich wurde *Grunge* mit Nirvanas *Nevermind*-Album von 1991 – und deshalb bekommt Marcus es von Will zu Weihnachten. Damit hatten Nirvana und Kurt Cobain ihren Ruhm begründet. Das muss im Rückblick überraschen, denn verglichen mit dem sonstigen damaligen Hitparadenmaterial war *Nevermind* keinesfalls „charttauglich", sondern eher sperrig, laut, hart und unfreundlich.
Diese Musik war geprägt von einer inneren Zerrissenheit, Wut und Verzweiflung einer Jugend, die sich gegen konventionelle Lebensentwürfe auflehnte. Damit traf sie den Zeitgeist einer ganzen Generation, und die *Grunge*-Welle äußerte sich in Ziegenbärten, bunt karierten Flanellhemden und Doc-Martens-Schuhen auch in Europa.
Ob man es mag oder nicht – *Nevermind* ist eines **der** Alben der 90er Jahre. Die Musik der 90er und seit den 90ern kann nicht erklärt werden ohne Nirvana und den durchschlagenden Erfolg dieses Albums. *Nevermind* ist laut, zornig und herausfordernd. Wenn uns der Sound heute vertraut ist, dann liegt das eben daran, dass seitdem Garagenbands in aller Welt sich an Nirvana orientieren.
Es ist das Schicksal einer Band, die sich mit Protestmusik einen Millionenerfolg ersungen hat, unglaubwürdig zu werden, wenn der finanzielle Erfolg ihren Protest überschattet. Und so wirkt Kurt Cobains Selbstmord am Ende seiner Karrie-

re auch wie der Abgang des trotzigen Jungen, der mit seinem Ruhm und seinem Erfolg nicht zurechtkam.

Der Titel ***Smells Like Teen Spirit*** kann kaum mit ganzen Sätzen oder klaren Aussagen aufwarten (Text siehe www.lyricsfreak.com). Dementsprechend kann auch Marcus nichts davon verstehen, wie sich in Kap. 33 herausstellt. Die Halbsätze sind aneinander gefügt, ein innerer Zusammenhang erschließt sich nur auf die Distanz. Wie bei einem impressionistischen Gemälde entsteht der Eindruck erst dann, wenn man darauf verzichtet, die Details zu untersuchen. Und so hinterlässt der Song das Gefühl, Zeuge des Gesprächs frustrierter Teenager zu sein, die mit ihren Freunden gelangweilt herumhängen und darauf warten, irgendwie bespaßt zu werden.

Der Titel ***About a Girl*** des Albums *Bleach* (1989) war vielleicht Vorbild für den Titel des Buches. Mit seiner Einleitungsstrophe *I need an easy friend / (I do) With an ear to lend / (I do) Think you fit this shoe / (I do) But you have a clue* schlägt dieser Song auch das Thema Freundschaft an, das sich im Buch wiederfindet. Auch Marcus braucht so einen Freund, der ihm ein Ohr schenkt.

Literatur

Deutsche Ausgabe Nick Hornby, *About a Boy*
Droemer Knaur Verlag, vollständige Taschenbuchausgabe Mai 2003
ISBN: 3426616904

Englische Textausgaben Nick Hornby, *About a Boy*:
Cornelsen
Die englischsprachige Cornelsen-Ausgabe hat Worterklärungen am Fuß der Seiten.
ISBN: 3464371646
(Nach dieser Ausgabe wird zitiert.)
(Der Verlag bietet dazu „Handreichungen für den Unterricht" [nur für Lehrer!] *ISBN: 3464371654)*

Penguin
Broschiert - 320 Seiten - Penguin Books Ltd
ISBN: 0140285679

Ein vereinfachter *Penguin-Reader* mit 80 Seiten (für die Mittelstufe)
Broschiert - 80 Seiten - Penguin
ISBN: 0582779626

Petersens Buchimport
Petersen importiert die Penguin-Ausgabe.
Broschiert - Petersen, Oststeinbek
ISBN: 3883891452

Klett
Broschiert - Klett - mit Erläuterungen
ISBN: 312573830X
(Der Verlag bietet dazu einen „Teacher's Guide. Unterrichtshinweise und Kopiervorlagen" [nur für Lehrer!] *von Silke Horst und Nina Schwarz ISBN: 3125738342)*

Hörbuch
Englische Version bei Harper Collins: ISBN: 0007154739

Deutsche Fassung bei DHV Der Hörverlag: ISBN: 3895849820

DVD
About a Boy, oder: Der Tag der toten Ente
GB/USA/F/D 2002
Darsteller: Hugh Grant u. a.
Regie: Chris Weitz und Paul Weitz
Buch: Nick Hornby
Sprachen: Deutsch und Englisch
DVD Features: Audiokommentar mit den Regisseuren Chris & Paul Weitz; *Making Of*; *Deleted Scenes* u. a.
Erhältlich überall, wo es DVDs gibt.

Weiteres Material
S. Rathjens-Beth: *Nick Hornbys About a Boy im Englischunterricht der Jahrgangsstufen 12 und 13* – RAAbits-Material für Sekundarstufe II; Umfang: 43 Seiten, Raabe Verlag.

Internet

Das Internet ist voll von Material über Nick Hornby, *About a Boy*, Joni Mitchell und Nirvana. Jede Suchmaschine wird Hunderte auswerfen. Es wird empfohlen, Begriffe wie „About a Boy" „Nick Hornby" und „Kurt Cobain" in Anführungszeichen in die Suchmaschine einzugeben. Die Kombination mit Namen aus dem Buch wie etwa Marcus oder Ellie oder Begriffen wie „Danny", „review", „Vergleich", „Film", „movie" „Drehbuch" bringt häufig interessante Ergebnisse. Aufgrund des sich ständig ändernden Inhalts des Internets wird hier auf die Angabe einer langen Liste einzelner Seiten verzichtet.

Zur Cornelsen-Ausgabe gibt es unter
www.learnetix.de/bookshelf
eine kommentierte Linkliste zu den Fernseh- und Musik-Hinweisen des Buches.

Eine umfangreiche Liste von Rezensionen findet sich im Netz, z. B. unter
www.single-dasein.de/grossbritannien/nick_hornby.htm

Bei Penguin ist die offizielle Homepage des Autors zu finden:
www.penguin.co.uk/static/packages/uk/articles/hornby

Wie interpretiere ich...?

■ Der Bestseller!

Alles zum Thema Interpretation,
abgestimmt auf die individuellen Anforderungen

Basiswissen
(Einführung und Theorie)
- grundlegende Sachinformationen zur Interpretation und Analyse
- Grundlagen zur Erstellung von Interpretationen
- Fragenkatalog mit ausgewählten Beispielen
- Analyseraster

Anleitungen
(konkrete Anleitung - Schritt für Schritt,
mit Beispielen und Übungsmöglichkeiten)
- Bausteine einer Gedichtinterpretation
- Musterbeispiele
- Selbsterarbeitung anhand praxisorientierter Beispiele

Übungen mit Lösungen
(prüfungsnahe Aufgaben zum Üben und Vertiefen)
- konkrete, für Klausur und Abitur typische Fragen und Aufgabenstellungen zu unterrichts- und lehrplanbezogenen Texten mit Lsg.
- epochenbezogenes Kompendium

Bernd Matzkowski
Wie interpretiere ich Lyrik?
Basiswissen Sek. I/II (AHS)
112 Seiten, mit Texten
Best-Nr. 1448-6

Thomas Brand
Wie interpretiere ich Lyrik?
Anleitung Sek I/II (AHS)
205 Seiten, mit Texten
Best-Nr. 1433-8

Thomas Möbius
Wie interpretiere ich Lyrik?
Übungen mit Lösungen, Band 1
Mittelalter bis Romantik
Sek. I/II (AHS),
158 S., mit Texten
Best.-Nr. 1460-5

Thomas Möbius
Wie interpretiere ich Lyrik?
Übungen mit Lösungen, Band 2
Realismus bis Postmoderne
Sek. I/II (AHS),
149 S., mit Texten
Best.-Nr. 1461-3

Bernd Matzkowski
Wie interpretiere ich Novellen und Romane?
Basiswissen Sek. I/II (AHS)
74 Seiten
Best-Nr. 1495-8

Thomas Brand
Wie interpretiere ich Novellen und Romane?
Anleitung Sek. I/II (AHS)
160 Seiten, mit Texten
Best.-Nr. 1471-0

Thomas Möbius
Wie interpretiere ich Novellen und Romane?
Übungen mit Lösungen Sek. I/II (AHS)
200 Seiten, mit Texten
Best.-Nr. 1472-9

Bernd Matzkowski
Wie interpretiere ich ein Drama?
Basiswissen Sek. I/II (AHS)
112 Seiten
Best-Nr. 1419-2

Thomas Möbius
Wie interpretiere ich ein Drama?
Anleitung
204 Seiten, mit Texten
Best.-Nr. 1466-4

Thomas Möbius
Wie interpretiere ich ein Drama?
Übungen mit Lösungen
206 Seiten, mit Texten
Best.-Nr. 1467-2

Bernd Matzkowski
Wie interpretiere ich?
Sek. I/II (AHS)
114 Seiten
Best.-Nr. 1487-7

Bernd Matzkowski
Wie interpretiere ich Kurzgeschichten, Fabeln und Parabeln?
Basiswissen Sek. I/II (AHS)
96 Seiten, mit Texten
Best-Nr. 1493-1

Thomas Möbius
Beliebte Gedichte interpretiert
Sek I/II (AHS)
104 S., mit Texten
Best.-Nr. 1480-X

Eduard Huber
Wie interpretiere ich Gedichte?
Sek I/II (AHS)
112 Seiten
Best.-Nr. 1474-5
Ein kompakter Helfer zum Thema Gedichtinterpretation.
Das Buch hebt sich durch seine kompakte Darstellung und seine Methodik von anderen Interpretationshilfen ab.

Bange ... leichter lernen!

Aufsatz

■ Qualität, die überzeugt!

- **schülergerecht dargestellt und aufbereitet**
- **klarer, übersichtlicher Aufbau**
- **Randleisten mit Info-Buttons**
- **mit Übungen und Lösungen**
- **erarbeitet in Anlehnung an die gültigen Lehrpläne**
- **Lernerfolg ist garantiert!**

Die Bände enthalten sowohl die wichtigsten Informationen zu den einzelnen Aufsatzthemen als auch zahlreiche Übungsmöglichkeiten. Die Übungen bauen aufeinander auf und sind auf der Grundlage aktueller, schülernaher und unterrichtsrelevanter Texte verfasst. Inhaltliche wie sprachlichgrammatische Aspekte werden in gleicher Weise berücksichtigt.
Ein Lösungsteil ermöglicht die eigenständige Kontrolle und Verbesserung der Arbeitsergebnisse.

Eckehart Weiß
Wie schreibe ich einen Aufsatz?
5.–6. Schuljahr
Sek I / RS / Gym (HS/AHS)
216 Seiten
Best.-Nr. 1481-8
Folgende Themen werden behandelt:
Die Erzählung / Der Bericht / Der Brief / Die Beschreibung / Schilderung / Textzusammenfassung

Thomas Brand
Wie schreibe ich einen Aufsatz?
7.–8. Schuljahr
Sek I / RS / Gym (HS/AHS)
180 Seiten
Best.-Nr. 1482-6
Folgende Themen werden behandelt:
Inhaltsangabe (auch erweitert) / Bildbeschreibung / Schilderung / Protokoll / begründete Stellungnahme und Kurzvortrag

Brand, Möbius
Wie schreibe ich einen Aufsatz?
9.–10. Schuljahr
Sek I / RS / Gym (HS/AHS), 200 Seiten
Best.-Nr. 1483-4
Folgende Themen werden behandelt:
Informierende, berichtende, kommentierende Texte/ Reportage / dialektische Erörterung / Geschäftsbrief / Charakteristik / Argumentationslehre / lineare Erörterung / Referat

Thomas Möbius
Wie schreibe ich einen Aufsatz?
11.–13. Schuljahr – Band 1
Sek II / Gym (AHS)
188 Seiten
Best.-Nr. 1484-2
Folgende Themen werden behandelt:
Die Inhaltsangabe / Die Erörterung / Die Textanalyse / Facharbeit

Thomas Möbius
Wie schreibe ich einen Aufsatz?
11.–13. Schuljahr – Band 2
Sek II / Gym (AHS)
160 Seiten
Best.-Nr. 1485-0
Folgende Themen werden behandelt:
Die Textinterpretation / Epik / Lyrik / Drama / Textvergleich

Eckehart Weiß
Berichten – Erzählen – Beschreiben
5.–7. Schuljahr
Sek I / RS / Gym (HS/AHS), 152 Seiten
Best.-Nr. 1475-3
Das Buch behandelt alle Aufsatzformen der 5.-7. Klasse.
Wie schreibe ich einen Bericht, eine Reizwortgeschichte, eine Schilderung, ...? Übersichtlich und verständlich aufgebaut, wird dem Schüler ermöglicht, anhand von Anleitungen, Beispielen, Übungen und Lösungen gezielt die jeweilige Aufsatzform zu erschließen, um sie dann in der Praxis erfolgreich umzusetzen. Lernerfolg ist garantiert. Die ideale Hilfe für Schüler und Eltern.

Bange ... leichter lernen!